读客®

轻学术文库

既严肃严谨又轻松好看的学术书

成为更理性的人

# 法律如何实现正义

翟志勇　著

海南出版社

·海口·

**图书在版编目（ＣＩＰ）数据**

法律如何实现正义 / 翟志勇著 . -- 海口 : 海南出版社 , 2024.6

（成为更理性的人）

ISBN 978-7-5730-1551-8

Ⅰ . ①法… Ⅱ . ①翟… Ⅲ . ①法学 - 通俗读物 Ⅳ . ① D90-49

中国国家版本馆 CIP 数据核字 (2024) 第 042122 号

# 成为更理性的人：法律如何实现正义

**CHENGWEI GENG LIXING DE REN:**
**FALV RUHE SHIXIAN ZHENGYI**

| | |
|---|---|
| 作　　者 | 翟志勇 |
| 责任编辑 | 徐雁晖　　项　楠　　宋佳明　　陈淑芸　　胡守景 |
| 执行编辑 | 戴慧汝 |
| 特约编辑 | 王晨睿　　顾晨芸　　丁　虹　　沈　骏 |
| 特约策划 | 张　萌　　何嘉欢　　仇　悦 |
| 封面设计 | 陈　晨 |
| 印刷装订 | 三河市中晟雅豪印务有限公司 |
| 项目统筹 | 吕　航 |
| 策　　划 | 读客文化　　爱道思人文学社 |
| 版　　权 | 读客文化 |
| 出版发行 | 海南出版社 |
| 地　　址 | 海口市金盘开发区建设三横路 2 号 |
| 邮　　编 | 570216 |
| 编辑电话 | 0898-66822026 |
| 网　　址 | http://www.hncbs.cn |
| 开　　本 | 880 毫米 ×1230 毫米　1/32 |
| 印　　张 | 7.25 |
| 字　　数 | 132 千 |
| 版　　次 | 2024 年 6 月第 1 版 |
| 印　　次 | 2024 年 6 月第 1 次印刷 |
| 书　　号 | ISBN 978-7-5730-1551-8 |
| 定　　价 | 59.90 元 |

如有印刷、装订质量问题，请致电 010-87681002（免费更换，邮寄到付）

**版权所有，侵权必究**

# 引　言

# 在法的门前，我们都是"乡下人"

说起法律，普通人总会有一种莫名的恐惧。这是因为法律常常与公安局、法院、监狱等公权力机关联系在一起，警灯一闪，人心里自然就会紧张；即便没犯法，人内在的恐惧也会油然而生。更重要的是，对很多人来说，法律是一个巨大的认知盲区和知识黑洞。很多人能对历史侃侃而谈，"野生"历史学家遍地都是，也可以聊两句文学，舞文弄墨不在话下；对世界局势分析得更是头头是道，俨然都是一流的国际关系专家。但遇到法律问题，人们往往就不知从何谈起了。

为什么不知从何谈起呢？首先，很多人都不清楚针对某一个具体的纠纷，法律条文是怎么规定的。毕竟它们是白纸黑字写着的，不能瞎说。其次，即使找到法律条文，人们也会发现法律条文往往写得佶屈聱牙、抽象难懂，法言法语对普通读者而言非常不友好。最后，即便法律条文的字面意思都读懂了，人们也无法得知在司法实践中这些条文是如何具体操作的。纸面上的法律与行动中的法律之间，往往存在些许差异。

总之，法律对于普通人来讲，是高门槛的冷知识。我认识一位学者，他是非常知名的教授，对人文社会科学各个领域都有所涉猎，聊起天来头头是道，但他唯独不敢谈法律。用他自己的话来说，"法律超出了我的认知"。

## 法　盲

为什么法律是大多数人的知识盲区呢？我们先做个小测试，让你有更直观的感受。你不妨大胆猜测一下，我国现行有效的法律、法规和规章有多少部。如果你搞不清楚法律、法规和规章之间有什么区别也不要紧，猜个总数就行。可能有人猜几百，有人猜几千。实际上，截至 2022 年 4 月，中国现行有效的法律共 292 部、行政法规 800 多部、地方性法规 10 000 多部，此外，还有数量远远超过地方性法规的国务院部门规章和地方政府规章。这些加起来总数量达几万部。而且它们的数量还在不断地增加，内容还在不断地修改。任何一个人，不论是大学里的法学教授，还是最高人民法院的大法官，或者跨国律师事务所的知名律师，穷其一生也不可能掌握所有的法律。

　　这几万部法律法规和规章将整个社会编制成一个巨大的法律网络。人们从出生到死亡，无时无刻不处在各种各样的法律关系之中。不是你不犯事，法律就和你无关；只要你存在，就有各种法律关系自动发生在你身上，你只是日用而不知罢了。当你遭遇了法律纠纷，你才会意识到，原来一件事情背后涉及那么多法律问题。于是，麻烦的问题就来了，我们无法掌握所有的法律，但我们又无时无刻不生活在法网之中；而法律的一个基本原则就是"不知法律不免责"，即不能以自己不知道法律为理由，来主张免除法律责任。无论你是否知道法律是怎么规定的，该负的责任还是要负的。

　　对此，很多人的第一反应就是赶紧学点法律知识。看《今日说法》《以案说法》这类普法节目，还是能学到点法律知识的。市面上也有类似《法律一点通》《法律明白人》等普法读本，各大互联网平台上也有各种普法视频。"中国大学MOOC（慕课）"和"国家高等教育智慧教育平台"上，有国内各大法学院开设的各类法律课程，几乎覆盖了法律专业的全部常规课程。总之，想要学习法律知识，各种资料是非常丰富的，大家欠缺的似乎只是坚持学下来的意志力。

　　遗憾的是，绝大多数人都没有这份意志力，这是一个普遍的人性问题，也是社会职业分工的必然结果。一个学法律的人，一辈子都不可能掌握所有的法律知识，更何况一个业余者呢？现行的法律复杂到即便是职业律师，往往也只能精通一两个领域，比如有专门做劳动争议的律师，有专门做离婚诉讼的律师，有专门做公司上市的律师，有专门做刑事辩护的律师，等等。要是哪个律师说他啥都懂，啥业务都能做，那基本上就是个"大忽悠"。

如果你问我一个法律问题，我很有可能会这么回答你："对于你说的这个问题，根据我掌握的有限的法律知识，结合基本的法理，大概、可能、应该、差不多是这样……但具体情况如何，最好再咨询一下专业律师。"不是我不想帮助你，而是我确实没有这个自信，就连我自己遇到一些法律问题时，也得咨询同学中的律师或法官，甚至要向我那些已经当了律师和法官的学生请教，而且还要专门挑熟悉这一法律领域的相关人员。

讲到这里，你大概明白了，这本书不是一般的普法书，不是给你讲生活中的法律小妙招的。讲述这类普法知识的书籍和网络材料非常多，不差我这一本。在一个法治社会，一个普通人往往只能将绝大多数法律问题委托给专业律师处理。这就是为什么越是法治发达的国家，律师越多。法律太专业、太复杂，普通人根本搞不清，因此注定是个"法盲"。当然了，这里的"法盲"不是贬义词，而是个中性词，仅表示不精通法律的人。

虽然这样说来有点残酷，但事实的确如此。即便是在法律人内部，也存在着"法盲"鄙视链。部门法学者会鄙视理论法学者，认为他们不懂具体的法律，总是对各种理论夸夸其谈，经常不着边际，简直就是"法盲"。而律师和法官也经常鄙视法律学者，认为他们只懂书本上的法律，不懂行动中的法律，总是本本主义，跟"法盲"差不多。反过来，理论法学者也会有意无意地鄙视律师和法官只懂"法律"，而不懂"法"，知其然不知其所以然，就是个"法律民工"而已。这就是法律人内部的"法盲"循环鄙视链，一圈下来，大家都成了"法盲"。

对于所有人而言，"法盲"是与生俱来的身份标签，除"文盲"易，去"法盲"难！当然了，这不是今天才有的事情，也不是中国独有的事情。古往今来，全世界的普通人都面临着如此尴尬的窘境。那是不是意味着在法律面前，普通人只能选择躺平，心甘情愿做个法盲？当然不是！不过，"法盲"也是分三六九等的。在详细讨论这个问题之前，不妨先来看看法律领域中一个著名的寓言。

## 在法的门前

在弗兰茨·卡夫卡（Franz Kafka）的小说《审判》里，主人公约瑟夫·K在三十岁生日当天被捕，但没人告诉他所犯何罪。他坚称自己是清白的，于是求助于各色人等，想尽办法为自己辩护，试图证明自己无罪，但均归于徒劳。他感到自己身陷一个巨大的、无处不在的法律之网中，但又完全看不清，以至无力反抗。在三十一岁生日之际，即将被处死的约瑟夫在大教堂与神父有一次长长的对话。神父给约瑟夫讲了一个寓言故事，这就是日后非常著名的法律寓言《在法的门前》：

　　法典的引言中，恰恰提到过这种迷惑。在法律的大门前，站着一位看门人。一天，有个自乡间来的男人走到看门人面前，求他放自己进去。看门人却说，现在不能放他进去。那男人思考了一番，接着问看门人："那么，晚一点就能进去吗？""进去是有可能的，"看门人说，"但不是现在。"
　　因为通向法律的大门一如既往地敞开着，而且看门人已经站到一边去了，男人便弯下腰，试图通过那道大门一窥里面的究竟。当看门人察觉到男人的企图之后，大笑了几声，说道："如果门里的东西那么吸引你的话，尽管我这边已经明令禁止了，你还是可以试着进去看看。但请记住，我是很有权力的。而且，我只是最低阶的看门人。在法律的大门里，从一个大厅到另一个大厅的通路上，每道门前都有一个看门人，且每一个都比前一个更有权力。仅仅是看第三道门的看门人一眼，就已经令我感到难以忍受。"

来自乡间的男人没有料到会有这些困难，照他看来，法律应该是无论什么人，无论在什么时候都能够触及得到的。可是如今，当他仔细打量过看门人身上穿的毛皮大衣，看过他那大大的尖鼻子，男人觉得相比之下还是耐心等待为妙，等到获得批准之后再进去。

于是，看门人给了他一个凳子，让他坐在了大门旁边。男人在那里坐了好多天，好些年。其间他多次尝试进入，反反复复央求看门人，使他感到疲惫不堪。看门人也经常对他进行一些无关痛痒的盘问，调查他家乡的情况，以及其他许多事情。然而，看门人问问题时采取的完全是漠不关心的态度，就跟那些大人物提问时的态度一样。而且，不管说些什么，看门人最后总是会说同样的话：目前还不能放他进去。

男人出发时随身准备了很多东西，如今也都拿来贿赂看门人了，不管是多么宝贵的东西也不吝惜。无论男人送他什么，看门人照单全收，但总是会说这样一句话："我之所以收下它，不过是让你不要误认为自己还有什么该做的事情没有做而已。"多年以来，男人对这个看门人的观察几乎不曾间断过。他已经忘了还有其他看门人，误认为眼前这个看门人就是进入法律大门的唯一阻碍。

在最初几年，他会大声诅咒自己不幸的命运，后来，当他变老之后，哪怕诅咒也只能一个人在那儿嘟嘟囔囔了。他开始变得幼稚起来，在针对看门人的多年研究中，他甚至跟看门人毛皮衣领上的跳蚤都成了朋友，还专门去恳求跳蚤们帮忙，求它们去为自己说情，企图改变看门人的想法。

最后，连他的目光都变得模糊起来：他不知道周围是不是真的变暗了，或者仅仅是他的眼睛在欺骗他。但是，现在的他已经能够于一片黑暗之中，在法律的大门那里看到一道永不消逝的耀眼光芒了。现在，他也活不了多久了。临死之前，一生中全部的经历在男人的脑海中积聚起来，化作了一个之前还从来没有问过看门人的问题。

于是，男人便朝着看门人挥了挥手，招呼他过来——因为他那衰老僵化的身体已经连动都动不了了。看门人不得不将整个身体俯下去听他说话，因为如今他们之间的身高差距已经变化了很多，男人已经萎缩得不像话了。"都到现在这个时候了，你还想知道些什么？"看门人问道，"你可真是不知足啊。""明明所有人都在追逐法律。"男人说，"可是，为什么在这许多年的时间里，除了我，就再没有任何人到这里来请求进入法律的大门内呢？"看门人察觉到，面前这个男人的生命已经快走到尽头了，为了照顾这个垂死之人已然衰弱的听力，他用很大的声音喊道："因为除了你，其他任何人都无法取得进入这道大门的许可，这道大门是专为你而设的。而我，现在就要过去把门关上了。"[1]

卡夫卡是学习法律出身的，他的小说多涉及法律主题。有人略显夸张地说，如果所有西方哲学只不过是柏拉图的注脚，那么同样可以说，"所有西方法律的论述都不过是弗兰茨·卡夫卡的注脚"。[2] 卡夫卡擅用怪诞的形象和象征的笔法，这使得他的小说很难被理解，小说中的寓言则更难被理解。

这里抄录这则寓言是想说明，仅就本书的主题而言，其实我们所有的人，在法的门前都是"乡下人"。我们渴望认识法，法的大门也敞开着，并且如"看门人"所说，"专为你而设的"，但很多人穷其一生，只在法的门前徘徊，不敢迈进法的

---

1　[奥] 弗兰茨·卡夫卡：《审判》，文泽尔译，天津人民出版社 2019 年版，第 265—267 页。译文表述略有调整。

2　[美] 博西格诺等：《法律之门》，邓子滨译，华夏出版社 2017 年第 2 版，第 11 页。

大门一步。

卡夫卡写《审判》，目的是批判官僚体制和专断权力，小说本身也是他自己惨痛恋爱经历的投射，并非为了批评普通人不懂法而写。按照《审判》里的讲法，普通人深陷法律迷宫，是永远也搞不懂法律的。但这则寓言也给我们带来了一些新的思考，就普通人认识法律而言，为什么"乡下人"不敢踏入法律城堡？如果"乡下人"踏入了城堡大门，是否会止步于第二关、第三关？"乡下人"是否能够真正认识法律？如何才能真正认识法律？"乡下人"的困境就是我们每一位"法盲"的困境。不过，如果"乡下人"有一张法律城堡的地图，知道城堡的基本布局，知道城堡是如何建造的，知道城堡是如何运作的，那他至少不会终其一生徘徊在城堡门口了。

我们每一个人都无法掌握法律的全部细节，在这个意义上，我们注定要戴着"法盲""乡下人"的帽子在法律中度过一生。事实上我们也不需要掌握法律的全部细节，但我们应该熟悉法律的门径。如果我们不甘心在"专为你而设的"大门前遗憾终生，那么我们就要勇敢地走进法律之门。走进大门之前，我们最好先有一张法律城堡的地图，知道法律城堡的门径。如果我们掌握了法律的基本构造、生成逻辑和运行机制，如果我们掌握了法律作为现代社会的操作系统的思维方式，那么我们至少不会在法律城堡中迷路，我们至少知道什么地方该停步，什么地方要求助于律师，我们至少可以成为一个"高级法盲"或者一个"进了城的乡下人"。

如前所述，普通人学点法律知识当然有意义。但如果对法律系统没有一个整体的认知，特别是不了解法律系统的运行机制和思维方式，那么，所学到的法律知识就仅仅是城堡中的一块砖、一扇窗而已，难免产生盲人摸象的片面、只见树木不见森林的偏狭。更为重要的是，为什么关于法律的学习资料那么丰富，但很少有人能坚持学下来？正如卡夫卡的寓言中所揭示的，很多人"在法的门前"，轻易就会被那个"看门人"三言两语地劝退。而那个"看门人"可能只是一两个不常见的法律概念，或一两条晦涩难懂的法律条文。因此，在学习各种法律知识之前，我们最好先熟悉一下法律城堡，了解什么是法律。

## 操作系统

我们从一个最基本的事实说起。在现代社会，小到个人，大到国家，乃至整个世界，都已经被彻底法律化了，都处在法律所编织的无边无际的网络中，正所谓"法网恢恢，疏而不漏"，谁都逃不了。

可以说，我们每一个人，不仅生活在物质世界中，也不仅生活在我们各自的精神世界中，还共同生活在法律所编织的规范世界中。人生而自由，却无时不在法网之中。这个法网之所以重要，是因为法律是我们现代社会的"操作系统"，是现代社会能够有序运转的底层秩序。

提起操作系统，我们能想到微软的 Windows，苹果的 iOS，谷歌的安卓系统，华为的鸿蒙系统，以及整个互联网的基础架构。没有这些操作系统，电脑、手机乃至整个互联网就无法运行。法律之于现代社会，就像这些操作系统之于电脑、手机或者说整个互联网。操作系统到底有什么用呢？操作系统的作用就是，在混乱和冲突中创造出一个秩序，使一个复杂的系统能够有序且高效地运转。

现代社会仍能在价值冲突、文化碰撞、利益博弈等各式差异中孕育出秩序，就是因为法律是现代社会的最大公约数。在法律这个最大公约数之上，人是自由的。如孟德斯鸠所言，"自由是做法律所许可的一切事情的权利；倘若一个公民可以做法律所禁止的事情，那就没有自由可言了，因为，其他人同样也有这个权利"。[1]一旦人突破法律这个最大公约数，强制性手段就会接踵而来，以恢复法律所设定的秩序。化冲突为秩序，正是法律的元问题。

---

1 ［法］孟德斯鸠：《论法的精神》，许明龙译，商务印书馆 2012 年版，第 184 页。

关于什么是法律，或法律是什么，几千年的法律文明史有各种各样的回答。比如"法律是人类的理性""法律是神的意志""法律是民族精神的展现""法律是主权者的命令""法律是初级规则和次级规则的结合""法律是使人服从规则治理的事业""法律是社会控制的一种手段""法律是对法官将要作出什么判决的预测"等。这些回答都试图从法理学或法哲学的层面来阐释法律的本质。如果大家对这些回答感兴趣，可以找一本综合性的法理学专著看看，比如雷蒙德·瓦克斯（Raymond Wacks）的《读懂法理学》。[1]但很多人极有可能读不下去，其内容之艰深枯燥，连法学院的学生能读下来的也不多。

因此，笔者不准备从法理学的层面上回答"什么是法律？"。本书尝试将法律视作现代社会的操作系统，并描述这个操作系统的基本构造、生成逻辑和运行机制，勾勒出法律城堡的基本地形图，带领你从空中俯瞰一下法律城堡，做一名法律系统的思维导游。

就法律的基本构造而言。一提到法律，大家都会想到正义，法律似乎就是为正义而生。但法律不是正义本身，法律只是实现正义的一种机制。为了实现正义，法律需要规范的指引和权威的决断，并且依靠程序的运转来生成正义，需要我们每个人

---

1　［英］雷蒙德·瓦克斯：《读懂法理学》，杨天江译，广西师范大学出版社2016年版。

为正义而斗争。规范、权威与程序就是法律系统的基本构造。

就法律的生成逻辑而言。立法者在通过法律规范社会时，要平衡各种各样相互冲突的价值和利益，还要平衡法律与效率、法律与成本之间的关系。立法就是要化冲突为秩序，因此不免有各种折中妥协，这种妥协的结果可能是不同的人会从不同的角度表达对法律的不满。我们永远无法摆脱"恶法"，因此，对我们每个普通人来说，知道立法者在制定法律时是怎么想的，就显得非常重要。也就是说，我们要有立法者思维。

就法律的运行机制而言。司法不是自动售货机，不是这边投入案件事实和法律规范，那边就自动得出了结果。很多案件错综复杂，并非每一个案件都有唯一正确答案，法官必须在各种可能性中作出选择，必须在有限的时间内给出答案。因此，司法是个"手艺活"，天理、国法、人情，必须圆融自洽。因此，知道法官在裁判时是怎么想的，同样非常重要。也就是说，我们要有裁判者思维。

理解了法律的基本构造、生成逻辑和运行机制，你并不会成为法律专家。因为法律是高度实践性的，书本上的知识与实践中的法律有很大的距离。不过你可以大胆地跨入法律之门了，你也会清楚你学的那点法律知识是在法律城堡的哪个地方，在法律系统中起到什么作用，从而成为一个"高级法盲"或"进了城的乡下人"。

## 延伸阅读

［美］艾伦·德肖维茨：《法律创世记：从圣经故事寻找法律的起源》，林为正译，法律出版社 2011 年版。

［日］穗积陈重：《法窗夜话》，曾玉婷、魏磊杰译，法律出版社 2015 年版。

［英］托尼·奥诺里：《法律简义》，郑玉双译，中国政法大学出版社 2019 年版。

# 目　录

# 01

## 法律能实现正义吗?

　　说到法律，很多人自然会想到正义，在我们的潜意识里，法律和正义紧密相连。"法"这个字，在《说文解字》里的意思就是"平之如水"，简单来讲就是公平。而英文单词"justice"，既有正义的意思，也有法官的意思，美国联邦最高法院大法官就叫"justice"，最高法院门楣上写的就是"equal justice under law"，意为"法律之下的平等正义"。因此可以说，正义就是法律的另一面，或者说法律就是为了实现正义。

　　如果做一个测试，问大家法律的目的是什么，我想"正义"这个选项胜出的概率很大。但如果你遭遇过法律纠纷，或经常关注一些法律案件，你就会发现，你所期待的正义，有时缺席，有时迟到，有时落空，如民众所愿实现的，少之又少。这是为什么呢？

## 正义实现了吗?

2019年,辽宁发生了一起少年凶杀案,一个十三岁男孩残忍地杀害了邻家十岁女孩,却因为他未满十四周岁——法律规定的最低刑事责任年龄[1],男孩被无罪释放了,司法机关不追究其刑事责任。这个判决通俗来说就是男孩不用坐牢,他不用对他的杀人行为承担刑事责任。这是你所期待的正义吗?我想这肯定不是被杀害女孩父母所期待的正义,可能也不是千千万万女孩的父母所期待的正义。那作出如此判决的法律还是正义的吗?

再比如前些年的聂树斌案、呼格吉勒图案,他们都在风华正茂的年龄,却被莫名其妙地卷入了奸杀案,最后因为刑讯逼供而屈打成招,两个人都被错误地判处了死刑。如果不是二十年后真凶出现,如果不是他们的母亲几十年如一日地申冤,可能聂树斌案和呼格吉勒图案永远也不会被平反。只可惜,人

---

[1] 辽宁大连的这起少年凶杀案,再加上2018年湖南沅江十二岁男孩弑母案,引发社会对最低刑事责任年龄的广泛讨论,很多人建议降低最低刑事责任年龄。2020年《中华人民共和国刑法修正案(十一)》增加了一款:"已满十二周岁不满十四周岁的人,犯故意杀人、故意伤害罪,致人死亡或者以特别残忍手段致人重伤造成严重残疾,情节恶劣,经最高人民检察院核准追诉的,应当负刑事责任。"这算是将最低刑事责任年龄降到了十二周岁。但未满十二周岁的人故意杀人的,还是不承担刑事责任。

死不能复生。这时候就有人会说了，看吧，正义也许会迟到，但绝不会缺席。可是迟到的正义还是正义吗？迟到几十年的正义，还是公众所期待的正义吗？正义迟到了，法律还正义吗？

有些人可能会说，这些凶杀案都离我太远了，也太过极端。但其实我们身边也有不少日常的事例。比如说，有天我的一个网红朋友向我借一千元现金，说好一周之内还钱，我毫不犹豫地把钱借给了他。因为我想着他是有钱人，所以我不担心他还不起。可是一周之后他不还钱，我向他要，他却说："兄弟，你搞错了吧，我这么有人气的网红，还用得着向你借钱，你问问大家，谁信啊！你向我借钱还差不多！"我当然很气愤，但假如我到法院去状告他，我却赢不了。因为在借钱的过程中我没留下任何证据，我太相信他了，没让他写欠条，也没有录音和录像。我向法官申诉他真的欠我钱，但我无法证明他欠钱的事实。所以，虽然法官可能会同情我，但因为没有证据，法官也无能为力。在这个事例中，法律并不能实现我所期待的正义，因为法律不保护愚蠢的人，我不依据法律做自我保护，法律就不会保护我。

我们还可以想这样一个问题，所有的诉讼都有输有赢，败诉的一方会认为自己得到了正义吗？大概率不会。如果一个人败诉了，还认为正义实现了，那只能说他确实做了坏事，终于良心发现了。事实上，不仅败诉的人不认为正义实现了，很多案件判决后，原告、被告都不服，都要上诉，都认为自己的正义没有实现。也就是说，在司法诉讼中，可能有一半以上的人会认为自己所期待的正义没有实现。

经常有亲朋好友向我咨询各种法律问题，抱怨他们遭受的各种不公平，倾诉他们对法律的失望。在我看来，他们讲的很多事情中，法律没有错，是他们从一开始就对法律有不切实际的期待。他们想当然地认为他们所期待的正义法律必然能给，当他们所期待的正义落空时，他们便自然地认为法律是不正义的。但实际情况是，法律没有他们所期待的那么正义，也没有他们所抱怨的那么不正义，认识法律的第一步就是破除对法律的神化和丑化。


## 定分止争


为什么我们所期待的法律正义，有时缺席，有时迟到，有时落空呢？要回答这个问题，首先要回答人类社会为什么要有法律。法律不是自然物，它是人为创造的。人既然创造出法律，一定意味着法律有一种独特的功能，这种功能是人类社会存续所不可或缺的，也是其他东西无法取代的。那么法律究竟具有什么独特的功能，使得人类社会必须有法律呢？答案是

"定分止争"。

中国古人经常用兔子的故事来阐释法律"定分止争"的功能。古代典籍《慎子》中讲:"一兔走街,百人追之,贪人俱存,人莫之非者,以兔为未定分也。积兔满市,过而不顾,非不欲兔也,分定之后,虽鄙不争。"[1]战国时期主持秦国变法的商鞅也说过类似的话:"一兔走,百人逐之,非以兔可分以为百,由名之未定也。夫卖兔者满市,而盗不敢取,由名分已定也。故名分未定,尧、舜、禹、汤且皆如骛焉而逐之;名分已定,贪盗不取。……姑夫名分定,势治之道也;名分不定,势乱之道也。"[2]

在慎子和商鞅所讲的关于兔子的故事中,"定分"实际上是确定物的权属,一旦一个物品的权属确定了,大家围绕这个物的所有权就不再有纷争;而如果一个物品的权属未确定,即便是尧、舜、禹、汤这样的圣人,也会来争一争,谁争到算谁的。"定分"除确定物的权属外,还要确定人的名分,也就是人在整个社会中的位置及其相互关系。你是父亲还是儿子,是丈夫还是妻子,是君主还是臣民,名分定了,与之相关的权利、义务、责任也就明确了,所以中国古代讲亲亲尊尊、三纲五常、君臣

---

1 [战国]慎到:《慎子·逸文》,许富洪译注,中华书局2022年版。
2 [战国]商鞅:《商君书全鉴·定分》,东篱子解译,中国纺织出版社2020年版。

父子等，都是为了"定分"。只有物和人的"分"都定了，社会才会形成秩序，而秩序是人类社会存续的内在要求。

现代法律制度，基本上还是围绕"定分止争"这个功能设计的。整个法律体系大体上分为实体法和程序法。实体法确定物以及其他无形财产的权属，确定人的身份以及人与人之间的权利和义务关系。这实际上就是在"定分"，只不过"定分"的规范基础不一样了，现代的法律体系用"私有产权""人格独立""契约自由"等现代观念取代传统的伦理规范。与此同时，程序法规定了纠纷发生后，人们如何通过诉讼、仲裁、调解的方式来解决，这实际上就是"止争"。在现代社会里，大家对"定分"产生了分歧，或有人不遵守"定分"的结果时，不能通过决斗、战争的方式私力救济，只能通过法定的程序来寻求救济。


## 法律的正义


回到关于"正义"的讨论中，法律对正义的实现，需要放在"定分止争"这个大的功能框架中来理解。简单来说，法律要实现的是"定分止争"的制度正义，而我们每个人所期待的正义，也就是个人正义，只能在制度正义中经由自己的斗争去实现。如果制度不正义,个人正义自然很难实现。但即便制度正义,个人正义也未必能实现,为什么?我们再回溯最初的两个案例。

为什么辽宁十三岁的男孩杀了人却不需要承担刑事责任?刑法中为什么要有最低刑事责任年龄的规定?最低刑事责任年龄的规定是不是在助纣为虐?其实法律之所以设置最低刑事责任年龄,是因为法律认为不满十四周岁的人,不具备完全的自主意识,也就是说,他的行为不完全是自主意识的结果,而对一个没有自主意识的人进行刑事惩罚,不但是没有意义的,而且是有违人道的。

但是人是有个体差异的,我们完全不排除某个十三岁的孩子,已经具备了完全的自主意识,但法律无法事前针对个体进行立法。我们当然可以把刑事责任年龄降低,但要多低呢?十岁?八岁?五岁?还是三岁呢?总之,除非我们把刑事责任年龄降低到零岁,否则总是有特殊的个案发生。而刑法最基本的原则就是罪刑法定,不可能因为某个案件特别恶劣,而在法律没有修改的情况下,就突破最低刑事责任年龄的限制。也就是说,法官判决必须严格执行最低刑事责任年龄的规定,哪怕只差一两天就满最低刑事责任年龄,也要按照法律执行。

这就是法律的正义,我们读书的时候很难接受这样的正义,甚至到现在很多人也不接受或心存疑虑,但全世界的法律都是这么规定的,差别只是各国把最低刑事责任年龄定在不同岁数。法律层面的正义与受害女孩父母所期待的正义之间，存在巨大的鸿沟。

再比如，法律假定成年人都具备健全的理智，都能自我保护，用法律的术语来说，就是具备完全民事行为能力和责任能力。因此，如果你不懂法，你不做自我保护，那法律也不会保护你。比如前面说的网红朋友欠我钱的事，为什么我去诉讼赢不了，因为我没有任何证据。作为成年人，我应该意识到，有钱人也可能欠钱不还，看似老实的人未必是好人。我本可以让他写个欠条，但碍于面子没让他写。在这件事上，我是有过错的，是有责任的，而法律不保护愚蠢的人。也就是说，法律不考虑你是否懂得法律，也不会考虑你是否真的无辜，法律只看证据。你自己都不能证明别人欠你钱，法律又如何保护你？这并不是法律不负责，而是我们必须遵守严格的法律程序，对于法官来讲，他并不知道借钱这件事是否真实发生过。因为我完全可能编造一个假故事，去诬告别人，所以法官需要根据证据来进行判决。

法律中有各种各样的制度设计，在这些制度中，我们每个人都被抽象成"法律上的人"。以《民法典》为例，我们只是无民事行为能力人、限制行为能力人、完全行为能力人，每个人的特殊情况都被剥离掉了，所有人只能是三种抽象的法律人之一。即便有些如老人、妇女和儿童这样的特殊群体会受到特殊保护，但也只是作为一类特殊的"法律上的人"而抽象存在的。大千世界，无奇不有，所以法律只能把人抽象成几种类型，然后才能设计出统一的制度。如果法律因人而异，那就无法概括所有人的情况。

然而，我们每个人经历的案件都是特殊的。法律以抽象的人作为基础建构的普遍规则，在适用到具体案件时，就会存在"削足适履"的情况。法官努力追求在个案中实现个人正义，但司法必然受制于证据规则、程序规则，所以司法者只能在整个法律系统的约束性条件下追求个案正义。因此，我们所追求的正义未必就是法律的正义，反之亦然。

所以我们实现个人正义的前提，是充分理解法律正义，理解法律实现正义的机制是什么。这个机制正是本书后面要讨论的内容。在此之前，我们要先讨论一下这种机制的动力何在。简单来说，法律提供了一种实现正义的机制，但个人正义在多大程度上能实现则取决于我们自己。

## 法律是战争的替代品

人是群居动物，但凡群居，就会有纷争。部落之间、村社之间、区域之间、国家之间，常常纷争不断。有纷争怎么办？最初的解决办法就是一个字：打！打个你死我活，直到打出输赢为止。但时间长了，人们发现任何一个人都不能保证自己总是赢家。人类如果不想永远生活在托马斯·霍布斯所说的"每个人对每个人的战争"[1]中，就内在地需要一个文明的纠纷解决机制，于是法律就出现了。

如果我们把各种纷争都视为一场或大或小、或轻或重的战争，那么法律是如何来解决纠纷的呢？法律实际上是以"战争"的方式来解决战争的，也就是说，法律是将赤裸裸的暴力战争转化为文明的法律战争。

法庭上，诉讼双方都挖空心思来打败对方，能用到的法条都要用上，整个诉讼过程像是一场"战争"。庭审时，原告、被告轮番上阵，唇枪舌剑，大战三百回合。而法官"坐山观虎斗"，等原告、被告辩论得差不多了，最后裁决谁输谁赢。如果有人对判决不服，那就上诉，再打一轮。所以说，诉讼就是决斗的文明化呈现，只不过君子动口不动手。原告、被告为什么要请律师？因为律师就是法律战场上的雇佣兵，有知识、有技能，专门负责打法律仗。

不仅诉讼是一场战争，非诉讼业务也是如此。比如签个合同，双方挖空心思防范对方设套，想尽一切办法保护自己，以致一些合同少则几十页，多则上百页。一个优秀的律师在签合

---

1 ［英］托马斯·霍布斯：《利维坦》，黎思复、黎廷弼译，商务印书馆1985年版，第94页。

同时，想到的一定是将来诉讼时，能否保护自己战胜对方，这就是在为战争做准备。合同中的所有违约条款，就相当于战前修筑的防御工程，等到真的诉讼发生那天，就派上用场了。所以有人说，婚前财产协议就是为将来的离婚做准备的，这话一点都没错，一份不为离婚诉讼做准备的婚前财产协议，签了是没有意义的。

前文的这些事例，其实就是要告诉你：什么是法律。法律必然要实现正义，但法律不是正义本身，法律是实现正义的一种机制，法律是用来解决纠纷的，是战争的替代品。当然，法律不能完全消灭战争，比如，你对野蛮人讲法律就没用，法律只对接受它的文明人有用。古罗马有句关于法律的谚语："在战争时法律归于沉寂。"如果人类不想一直生活在暴力、血腥的战争之中，就只能接受法律，从而将人类之间永远无法消除的暴力战争状态导入文明的、可控的法律战争形态中。换句话说，法律就是一种文明化的战争形态。

## "坏人"的视角

那么，如果一个人是所谓的"法盲"，他该如何在文明化的法律战争中实现正义呢？难道需要每天看《今日说法》《以案说法》等普法节目来了解法律知识吗？当然了，开卷有益，学点法律常识总比没学好，有个律师朋友总比没有好。但客观现实是，我们不可能每个人都成为法律专家，也不可能凡事都要咨询完律师才去做。我们每一个人都必须自己直面法律，这时我们该怎么办呢？

美国联邦最高法院大法官霍姆斯曾说："如果大家只想认识法律，不想认识其他的东西，大家必须像坏人而非好人那样看待它，坏人只在乎通过该知识而得以预测的实质后果，好人则从相对朦胧的良心约束中为自己的行为寻找理由，无论它在不在法律的范围内。"[1] 也就是说，你要想理解法律，你得从一个坏人的视角出发，只有坏人才真正理解法律。当然，这里的坏人不是说你真的无恶不作，实际上是说，你得从"人性恶"的角度看待法律，从战争的角度看待法律，这样才能理解法律。

相反，我们大多数人恰恰是从好人的角度来理解法律的，我们认为法律是正义的，我们认为只要我们是好人，法律一定会给我们一个正义的交代，我们认为法律的正义可能迟到但从不缺席。但是法律遵循的正义往往和我们理解的正义存在不同。

讲到这里，我必须声明，我不是要说法律是不好的；法治是我们现代人的必然选择，而且是正确的选择。正因为如此，

1　［美］奥利弗·温德尔·霍姆斯：《法学论文集》，姚远译，商务印书馆2020年版，第151—152页。

我才要向大家普及，不是实现了法治，正义就自然而然地到来了。正义其实是靠我们自己来实现的，我们要为我们的正当权利而斗争，这是我们每一个现代人必须具备的法律意识。

我们不仅要有这样的意识，还需要理解法律如何实现正义，也就是法律实现正义的机制是什么。接下来的内容，我们先从规范、权威、程序三个方面讲讲法律的基本构造。简单概括，法律是规范与权威的相互创生的系统，经由程序实现正义。

## 延伸阅读

〔德〕鲁道夫·冯·耶林：《为权利而斗争》，刘权译，法律出版社 2019 年版。

〔美〕艾伦·德肖维茨：《你的权利从哪里来？》，黄煜文译，北京大学出版社 2014 年版。

〔美〕保罗·罗宾逊、〔美〕莎拉·罗宾逊：《海盗、囚徒与麻风病人：关于正义的十二堂课》，李立丰译，北京大学出版社 2018 年版。

# 02
# 普通人为什么读不懂法律?

　　上一章阐述了法律不是正义本身，法律只是实现正义的一种机制，目的是先将法律从正义（道德）中区分出来，避免对法律作泛道德化讨论。但实际上前面的讨论回避了一个更基础的问题，那就是什么是法律。这一章就来回答这个问题。人们了解法律最直观的两种形式，一个是判例，一个是法条，那判例是法律吗？法条是法律吗？为什么普通人读了判例和法条，还是读不懂法律呢？

## 法律不是判例

　　我们认识法律最常见的形式是判例，或者叫案例，各种普法类节目大多会讲一些法院判例，这一形式为观众所喜闻乐见，大家很容易理解当发生某种行为时要承担什么法律后果。

不仅如此，法学院的教学通常也是从案例开始，然后再去讲判例涉及的法条以及法条背后的法律理论。法律是高度实践性的，脱离了具体判例，就很难理解法律的真实含义。

讲判例不仅形式上通俗易懂，也符合人类法律起源的历史经验。在文字诞生之前，人类社会虽然不会有成文法条，但肯定是有法律存在的，那时的法律就蕴含在一个个具体的纠纷解决判例中。一个纠纷发生，然后一个中立的第三方（族长、首领、祭司等）作出裁决，具体的纠纷解决了，一条法律也就此诞生了。大家因此就知道做出某种行为之后会带来什么后果，判例也就具有了行为指引的功能，这就是法律的最初形态。

直到今天，在英国、美国、加拿大、澳大利亚、新西兰以及其他一些前英国殖民地国家，判例依然是重要的法律渊源。法院会依据之前的判决，按照遵循先例的原则和方法，来裁判当下与之相同的案件，我们将这些蕴含在判例中的法律称为判例法，也叫普通法（common law）。这些以判例作为法律渊源的国家，就被称为判例法系或普通法系国家，以区别于欧洲大陆以及其他受欧洲大陆成文法影响的国家——这些国家被称为大陆法系或成文法系国家。这里要特别补充说明一下，在普通法系国家，也有大量的成文法，普通法系的独特之处不是没有成文法，而是判例是成文法之外独立的法律渊源。

在普通法系国家，判例里面不会明确写作出判决所依据的法律是什么，只会写依据的是之前的哪个或哪几个判例，因此，一个判例里面蕴含着什么样的法律规范，是需要法律人来发掘和阐释的，这对普通人来说是有很高门槛的。判例不是法律本身，判例仅仅是法律的藏身之处。对普通人来说，不可能熟知过往有哪些判例以及具体哪个判例适合于当下的案件，通过判例来了解法律是一回事，通过判例来解决纠纷是另一回事。因此，在普通法系国家，普通人更难掌握法律，对律师的依赖程度更高。

我国是大陆法系国家，判例不是直接的法律渊源，只能作为参考。因此，在我国，法院的判决里面不能只写是依据之前的哪个判例而作出判决的，必须写明是依据哪部法律的哪条哪款作出判决的。研读判例主要是为了更好地理解一条具体的法律条文，因为法条太抽象，需要具体的案例来辅助说明。

## 法律不是法条

我们普通人对法律的最大误解，就是把法律等同于法律条文，也就是我们常说的法条。所以，我首先要申明的一点是：法律不是法条。

我们所有的法律，除了序言，都是以"第一条""第二条""第三条"等以此类推的方式来表述的，这就是法条。比如1997年颁布的刑法由四百五十二条组成，2020年颁布的《民法典》由一千二百六十条组成。我们学法律的人，经常被问的一个问题就是：那么多法条，你们是怎么背下来的？其实，学法律根本不用背法条：一来，再怎么聪明的人，也不可能把所有的法条背下来，光一部《民法典》就有一千二百六十条；二来，完全没有必要背法条，尤其在这个大数据时代，所有人都可以轻而易举地在法律数据库里，检索到任何需要的法条。法律人之所以对一些法律条文很熟悉，只是因为他们经常使用。

与判例相比较，法条最大的特征就是抽象。人类最早的成文法，都是对既往习俗和判例的文字记录，因此是非常具体的。比如一头牛把邻居家的庄稼吃了，牛的主人要怎么赔偿；再比如一个人打伤另外一个人的眼睛要怎么赔偿。但是大千世界无奇不有，有可能是其他动物吃了邻居家的庄稼，也有可能是腿或胳膊被打断了，总不能把不同情况的伤害都写成法律吧，于是法律条文开始抽象化，比如"侵权"的概念被发明出来。无论是一个人的任何动物吃了另一个人的任何东西，本质上都是一个人对另一个人民事权益的侵害，那侵害者就需要承担相应的赔偿责任。我们现在的《民法典》第一千一百六十五条将这个问题抽象成一种表述："行为人因过错侵害他人民事权益造成损害的，应当承担侵权责任。"这一个条文，就概述了无数的侵权行为。

　　成文法就是要将五彩斑斓的现实世界抽象成一个个概念、规则和原则，然后再用它们构成一个规范体系，这是一个相当有难度的工作，所以人们制定出来的法律普遍抽象而难懂。这一结果的产生其实是无奈之举，因为法律只有足够抽象，才具有普遍性，才能广泛适用。如果法律不够抽象，那么适用的范围就会小，需要的法律条文数量就会增加，这就意味着立法者要制定多如牛毛的法律，让法律变得更难掌握。

## 法律渊源与法律规范

　　通过前文简单介绍的法律的两种重要表现形式，我们可以得出结论，无论是判例还是法条，它们都不是法律本身，而是法律的藏身之处，法学上对此有个专门的概念，叫法律渊源。法律是蕴含在法律渊源中的法律规范。只要不是文盲，都能阅读判例或法条，但为什么普通人还是读不懂法律呢？原因就在于，大多数人没有经过法学训练，不能从判例和法条中发掘出法律规范。

　　由于判例在我国不是正式的法律渊源，因此，下文主要阐述法条与法律规范之间的关系。我先举个例子。

比如说张三婚前买了一辆车，登记在他的名下，结婚之后，这辆车属于他的个人财产，还是夫妻共同财产呢？根据《民法典·婚姻家庭编》第一千零六十三条的规定，一方的婚前财产属于一方的个人财产，因此不属于夫妻共同财产。这个问题看起来很简单，但有的时候问题就没有这么简单了。

又比如说张三婚前买了一套预售的商品房，签了购房合同，自己付了 50% 的首付，但还没办理房产证。结婚之后，张三继续用工资偿还剩下的贷款，一年后房产证才下来，然后按照购房合同登记在张三个人名下。五年之后，房款已经还完了，但夫妻要离婚，那这套房子是属于张三的婚前财产还是属于张三的个人财产呢？

上述案例中张三买房的行为发生在结婚之前，拿房产证发生在结婚之后，婚前他用个人财产支付了 50% 的首付，婚后他用工资支付了剩余房款，而工资属于夫妻共同财产。那么离婚的时候，这个房子到底归谁呢？虽然《民法典·婚姻家庭编》中有相关问题的规定，也就是前文提到的第一千零六十三条，但这个条文不足以直接给出一个答案。这个问题的解决，需要在整个婚姻财产制度之下来理解，需要结合《民法典·合同编》、《民法典·物权编》、最高人民法院的司法解释以及司法实践，才能够真正厘清婚前财产和个人财产的区别，以及如何确定婚前财产和个人财产。

回到法条与法律规范之间的关系问题上，由于立法技术的原因，法条与法律规范之间至少存在四种关系。[1]

第一，一个法条表达一个法律规范，比如"行为人因过错侵害他人民事权益造成损害的，应当承担侵权责任"。

第二，一个法条表达数个法律规范，比如"放火、决水、爆炸以及投放毒害性、放射性、传染病病原体等物质或者以其他危险方法危害公共安全，尚未造成严重后果的，处三年以上十年以下有期徒刑"。这个条文涉及五类行为，都属于危害公共安全的行为，因此合并规定在一个条文中。

第三，一个法规规范由同一部法律中的数个条文来表达，比如《刑法》第三百八十二条规定："国家工作人员利用职务上的便利，侵吞、窃取、骗取或者以其他手段非法占有公共财物的，是贪污罪。"但犯了贪污罪如何处罚，实际上规定在第三百八十三条："对犯贪污罪的，根据情节轻重，分别依照下列规定处罚：……"

第四，一个法律规范由不同的法律中的数个条文表达，比如《收养法》中规定"借收养名义拐卖妇女儿童的，依法追究刑事责任"。至于追究什么刑事责任，则要看《刑法》第二百四十条关于拐卖妇女、儿童罪的规定。由于只有刑法中规定犯

---

1 舒国滢、王夏昊、雷磊：《法学方法论》，中国政法大学出版社2018年版，第119—121页。

罪与刑罚，因此其他所有的法律中只要涉及犯罪与刑罚的，都要指向刑法中的相关规定。

此外，还有大量的法条并不直接参与表达法律规范，它们或说明一个事项，或定义一个概念，或指示法条如何适用等，但它们构成了理解法条的知识背景。普通人如果没有经过长期训练，很容易就迷失在法条的丛林中。除了法条与法律规范之间可能存在的多种组合，还要对法条进行解读。法条是用语言表达的，只要涉及语言，就涉及解释和理解问题，因此普通人读法条，字都认识，至于法条表达的真实含义是什么，就未必能读明白了。法学的核心实际上是法律教义学或法律解释学，就是如何去解释一个具体的法律条文，法学院的学生主要学习和训练的，就是如何解释法律条文。

做个简单的类比，法条就像一首诗，不懂诗的人看诗，字都认识，但什么意思未必明白。而懂诗的人看诗，就能解释得头头是道，一首五言绝句，就能给你讲半天。比如李白有一首诗叫《夜宿山寺》，里面有两句诗："危楼高百尺，手可摘星辰。"一个不懂诗的人，可能以为李白站在一座危险的高楼上，伸手要摘星星。但其实这里的"危"不是危险的意思，而是高耸的意思，"危楼"就是高楼。

我们在阅读诗歌时，不能只看诗的文字，还要看诗人的写作背景、诗人的写作风格、诗人以前的作品，还有诗里面用的典故，等等。只有理解了所有这些东西以后，才能够真正理解诗人写的这首诗的意义。法律其实也是这样，所以就像普通人和诗人的区别一样，普通人与法律人的最大区别，就是法律人能够看到法条背后要表达的法律规范，而这需要长期的学习和训练。

## 法律规范是一种行为指引

那么到底什么是法律规范呢？在具体讲法律规范之前，我们先要明白什么是规范。要明白什么是规范其实有一定的难度，因为规范本身就是抽象的，就像诗歌所要表达的意思，你摸不着它，也看不到它，只能去理解它，规范其实也是这样。人类社会中的规范类似于自然规律，太阳会东升西落，万物皆有引力，这些都是自然规律。自然规律是不以人的意志为转移的，是人无法改变的。正因为这些自然规律的存在，整个大自然才呈现为一种有序的状态，自然规律保证了大自然的有序运转。

那么如何保证人类社会的有序运转呢？人类组成社会之后，秩序是第一需求。但是由于人有私欲，容易凭自己的欲望任意行事，所以光有自然规律的约束是不够的，还要人为创造出一些东西，用来指导和约束人类的行为，并且惩罚那些不遵守规矩的人。这些指导和约束人类行为的东西是什么呢？这些东西就是规范。习俗、道德、宗教和法律，都提供这种社会规范，都是用来指导和约束人类行为的，都是为了不让人轻易干坏事。如果我们说自然规律是一种自然实在，那么社会规范就是一种社会实在，是人类仿效自然规律建构起来的人与人之间的行为准则，目的就是要使人类社会像大自然一样，处于一种有秩序的状态。

在这些社会规范中，最主要的规范就是法律规范。首先，法律规范只关注人的外部行为，不关注内部精神世界，因此更容易进行技术化的操作；其次，法律规范由国家权力机关来保障实施，因此具有强制力。

法律条文中有一些高频词，如"有权""可以""应当""不得""禁止"等，这些词就是一种典型的规范表达，指引人们可以做什么、必须做什么以及不得做什么，并明确规定做或不做的法律后果。相较于习俗、道德、宗教，法律以条文的方式表述出来，所以更容易观察、评判和强制执行。

过去我们常说，法律规范是对人的外在行为的最低要求，也就是给人的行为画出不可逾越的红线，过了这条红线，人就要受到惩罚。这种说法主要指向的是法律中的禁止性规范，虽然不全面，但也没错。除此之外，法律中还有大量的授权性规范，就是告诉大家有权做什么或可以做什么。不过也可以从反面来理解授权性规范，我们有权或可以做什么，就意味着别人无权或不可以干涉我们的行为。现代法律是高度复杂的，已经不限于禁止性规范了，但禁止性规范无疑是法律中最重要的规范，因为没有禁止性规范，就不可能通过法律规范来生成秩序。

我们仍然以《民法典·婚姻家庭编》为例，其中第一千零四十二条规定："禁止包办、买卖婚姻和其他干涉婚姻自由的行为。禁止借婚姻索取财物。禁止重婚。禁止有配偶者与他人同居。禁止家庭暴力。禁止家庭成员间的虐待和遗弃。"所有这些"禁止"，就是法律为了建立和保护婚姻关系所确立的行为规范，如果有人违反了这些禁止性的规定，就要承担相应的民事或者刑事责任。比如说，有配偶者与他人同居了，虽然并不一定触犯重婚罪，但离婚的时候，无过错的一方就可以主张损害赔偿，分割财产的时候就可以要求多分一些，争夺子女抚养权的时候，就可以占据主动。

所以，法律规范就是为了保证人类社会的有序运行，是对人类行为的一种最低限度要求。在这个意义上，我们可以说，遵纪守法仅仅是做人的底线而已。

简单总结一下，普通人对法律最大的误解，就是将法律等同于法条，但是法条仅仅是法律的一种成文化的表述而已，我们需要透过法条来理解法条所要表达的法律规范，这才是真正的法律。法律规范是对自然规律的一种模拟，是一种人为创造的行为指引。法律规范和道德、伦理、宗教一样，都表达了一种规范性的诉求，告诉人们什么可以做，什么不可以做，但法律规范区别于道德、伦理、宗教的地方在于，法律是对人的外部行为的强制性要求。

## 延伸阅读

[德] 古斯塔夫·拉德布鲁赫：《法律智慧警句集》，舒国滢译，中国法制出版社 2001 年版。

[德] 古斯塔夫·拉德布鲁赫：《法哲学入门》，雷磊译，商务印书馆 2019 年版。

[美] 罗斯科·庞德：《法哲学导论》，于柏华译，商务印书馆 2019 年版。

# 03
# 立法者和法官凭什么说了算?

上一章讲法律不是法条，法律是法条所表达的法律规范，这个论断看上去似乎是说法条不重要，法律规范才重要，但实际情况并不是这样。在现代社会，法律主要是通过法条和判例来表达的，因此没有法条和判例，也就没有法律规范，事实上人们只能通过法条和判例来认识法律规范。我们经常说，法学教育是职业教育，法律工作是手艺活，主要是因为法学教育也好，法律工作也罢，学的那套本领主要是如何分析、认识、适用法条和判例。

那法条和判例是从哪儿来的？法条是立法者制定的，判例是法官裁判的，因此要理解法条和判例，还要理解立法者和法官。法律规范提供一种行为指引，告诉大家什么可以做、什么应该做、什么不可以做，以及做与不做的相应后果。那么，谁来决定什么可以做、什么应该做、什么不可以做呢？以及如果有人不遵守法律规范该怎么办呢？这时候，我们就需要法律权威出场了。法律权威，也就是立法者和法官，就像是法律系统的架构师和程序员，他们创造了这个系统，并维护这个系统的有效运转。

法律系统要想有效运转，并保证人类社会的有序，有一个不可或缺的要求，那就是确定性。也就是说，法律系统必须在各种可能性中选择出一种，在各种不确定性之中创造出确定性，只有这样，法律系统提供的秩序才是稳定的，正义才是有可能实现的。

所谓法律权威，就是在各种不确定中创造出确定性的人。至于他们如何创造确定性，以及他们为什么有这样的权威，正是我们下面要讨论的问题。

## 立法者

关于确定性问题，我先举两个例子。比如说，按照《刑法》第十七条的规定，法定最低刑事责任年龄是十二周岁，那么如果一个小孩还差两天才满十二周岁，但他犯了罪，杀了人，要不要负刑事责任？从法律上来讲，不要说还差两天，哪怕只差一天，他也没有达到刑事责任年龄，也就不需要承担刑事责任。因为按照罪刑法定的原则，法官必须执行刑法规定的内容。

再比如，《民法典》规定，结婚年龄，男不得早于二十二周岁，女不得早于二十周岁。那么即使两个人很早就走向了社会，十八岁开始赚钱养家，谈了恋爱，甚至未婚先孕生了孩子，民政部门也并不会为他们办理结婚登记，因为男女双方都没有达到法定最低结婚年龄。

那怎么保证立法者作出的规定就一定是正确的呢？如果法律所规定的不正确，民众也必须遵守吗？答案是肯定的，除非立法者的规定违背了最低限度的正义要求，否则民众就要遵守。立法者之所以是权威，不是因为他们掌握了真理，而是因为人类社会客观上需要一个最终的权威——在各种不确定性出现的时候，作出一个确定性的选择。至于立法者为什么有这样的权威，我们后面再讨论。

法定最低刑事责任年龄问题，实际上是考虑了孩子的认知能力；而结婚年龄问题，实际上考虑了人的生理基础。但必须作出这样的规定吗？必须是十二周岁吗？必须是男不得早于二十二周岁，女不得早于二十周岁吗？其实也未必，各国的刑事责任年龄不尽相同，结婚年龄也是千差万别，但大体在这个年龄段上下浮动。立法者在作出这样的规定的时候，并不是说这些数字是真理，因此民众必须遵守。实际情况是，最低刑事责任年龄可以是十四周岁，也可以是十三周岁，甚至十周岁也可以，但无论多少岁，立法者必须确定一个具体的年龄。我国刑法原来规定最低刑事年龄是十四周岁。因为辽宁发生了十三岁男孩杀害十岁女孩的凶杀案，性质极为恶劣，所以 2020 年《刑法修正案（十一）》就把刑事责任年龄降低到了十二周岁。但无论最低刑事年龄是十四周岁还是十二周岁，法律必须明确一个具体的年龄。结婚年龄也是同样的道理，在二十周岁上下都可以，但是必须有一个明确的年龄，绝对不能含糊。

那么，为什么立法者在作出这种规定的时候，并没有征求民众的意见，只给大家一个干巴巴的法律条文，也不告诉大家法律条文修改的逻辑，对此民众要怎么服从呢？其实这个问题很简单，如果每一条法律背后的合理性都要给出详细的理由，并且征得所有民众的同意，其间花费的时间和精力会让法律根本无法制定出来。因为我们的法律法规有上万部，光一部《民法典》就有一千二百六十条，怎么可能每一条法律的制定都要给出详细的理由呢？怎么可能每条法律都要征得每个人的同意呢？

所以，现代社会法律体系的设计是，我们将制定法律的权力委托给了立法者，并设计好民主的立法程序，以确保立法者制定的法律是有合理依据的。这并不是说立法者比我们强，他们掌握了真理，而是因为我们客观上需要有一个最终的权威，最终的权威要在各种可能性之中作出一个选择，在各种不确定性之中给出一个确定性，因此我们只能这样做，让立法者作为最终的权威。

## 法　官

　　法律系统中的权威，除了立法权威，还有司法权威，也就是法官。

　　司法裁判的原则很简单，以事实为依据，以法律为准绳，法官在每一个判决之中都要进行说理，他要告诉我们，他为什么要这么判。但是司法判决不是自动售货机，不是说在这边投入案件事实，那边就自动出来裁判结果。在很多司法判决中，法官享有巨大的自由裁量权，也就是说，法官可以在各种可能的判决结果中选择一个结果并作出判决，而判决一旦作出并生效，大家就要普遍遵守。

　　那么法官凭什么说了算呢？一句话，因为法官是最终的权威。立法者挖的"坑"，司法者必须给填上。

　　立法者在制定法律的时候，法律条文都是特别抽象的，故意留下很多模糊地带，因为立法者根本没办法预料将来会发生什么样的案件，所以只能模糊处理。比如说，我们的《民法典》里说双方离婚的时候要照顾女方，要照顾无过错一方，那什么叫照顾？分财产的时候怎么分才算照顾？给女方55%的财产算不算照顾？或者给60%的财产算不算照顾？到底多少的分割比例算照顾？既然立法者没有给出具体的答案，那么就只能由法官在具体的案件之中根据具体的情况来决定。但是，一旦法官作出了判决，我们就要去遵守。

还有一些疑难案件，我们没办法从法律中直接给出一个答案。比如同性到底可不可以结婚？这件事情是有很大的争议的。当美国联邦最高法院裁决这样的案件时，法律里是没有现成答案的，法官之间也是吵得不可开交。最后美国联邦最高法院以5:4的投票结果通过了同性可以结婚的判决。这样的判决一旦作出了，美国社会就必须遵守。那么，法官作出这样的裁决，是因为他们掌握了同性是否可以结婚的真理吗？当然不是。法官作出这样的裁决，只是因为整个社会在同性可否结婚这个问题上吵得不可开交，造成巨大分裂，法官这时就必须站出来，给出一个确定的说法以弥合社会的分裂。

美国联邦最高法院罗伯特·H.杰克逊大法官曾说："我们不是因为正确，才是最终的；只因为我们是最终的，所以是正确的。"也就是说，最高法院也是会犯错误的，裁判的案件也不一定正确，因此最高法院不是因为其判决都是正确的，才是最高的终审法院。恰恰相反，宪法规定了最高法院是最高的终审法院，最高法院之上没有更高的法院了，因此最高法院作出的判决就是"正确"的。当然了，这里的"正确"不是真理意义上的正确，而是说没有其他法院再能推翻这个判决了，因此大家必须遵守。

杰克逊大法官的这句话感觉有点强词夺理，但实际上是非常有道理的。需要最高法院裁判的案件，都属于疑难案件，都是要在各种不确定性之中给出一种确定性。虽然法官给出的这种确定性未必是真理，但他们又必须给出，因为法官不能拒绝裁判。作为最高法院的法官，他们有职责、有义务给出一个确定性的回答，并且一旦他们给出确定性的回答，他们的回答就要被大家遵守。当然，也有可能多年之后，这个确定性又被推翻了，但即便这个确定性被推翻，那也只是意味着最高法院作了一个新的选择，重新提供了一种新的确定性而已。

因此，对法官来讲，特别是终审法院的法官，他们必须把自己当作权威，承担自己作为权威的责任，在各种可能性之中作出一种选择，从而赋予社会一种秩序。而且，一定程度上，法官其实比立法者更难，因为很多事情，立法者还可以模糊处理，但是到了法官那里，就没有模糊处理的空间了。同性可不可以结婚，法官必须给个明确的说法——可以还是不可以——是不能含糊其词的。法官实际上是最终的权威，因为立法者挖的"坑"，法官必须给填上。著名法理学家罗纳德·德沃金说："法院是法律帝国的首都，法官是帝国的王侯。"[1]

---

1　［美］罗纳德·德沃金：《法律帝国》，李长青译，中国大百科全书出版社1996年版，第361页。

## 法理型权威

我们姑且承认，因为我们需要一种确定性，所以需要有立法权威和司法权威，但是如果他们滥用权力怎么办？如果他们为非作歹怎么办？

要回答这个问题，我们就要知道，立法者和法官是如何成为权威的。德国社会学家马克斯·韦伯曾经把古往今来的权威分成三类。[1]

第一类叫作传统型权威，比如说家族的族长，我们为什么服从他呢？是因为传统，是因为我爸爸就是这么做的，我爸爸的爸爸也是这么做的，因此我也只能这么做，这个家族的传统就是必须服从族长。

第二类叫作卡里斯玛（Charisma）型权威，"卡里斯玛"是一个音译表述，指的是那些具有超凡能力和品格的人，比如救世主、先知、盖世英雄等，我们之所以服从他们，是因为卡里斯玛具有我们所不具有的力量和神秘性。

但是对于现代社会，对于一个完全世俗化的现代社会，传统型权威与卡里斯玛型权威基本上都不管用了。那么，现代社会的权威是一种什么权威呢？韦伯把第三类权威称为法理型权

---

1 ［德］马克斯·韦伯：《支配社会学》，康乐、简惠美译，广西师范大学出版社 2004 年版。

威。也就是说，他们之所以是权威，不是因为传统，也不是因为某种神秘的力量，而是因为法律赋予了他们权威性。因为宪法和法律赋予立法机关立法权，赋予司法机关裁判权，所以我们要遵守立法机关制定的法律，要遵守司法机关作出的判决。此时，我们服从的是法律，而非具体的那个人。

立法者和法官都会犯错误。因此在现代社会，立法必须民主化，必须经过充分的辩论，倾听各种诉求，最终才能投票通过法律。如果是根据少数服从多数而通过的法律，那它侵犯了少数人的人权和基本权利，还要有合宪性审查机制来宣告相关法律因为违宪而无效。对法官来说，首先，法官只能在立法者制定的法律范围内进行裁判，所有的判决都要写明裁判所依据的法律；其次，法律设计了非常复杂的诉讼程序制度，比如两审终审制、证据制度、回避制度、辩护制度等，都是为了制约法官的权力，确保法官享有自由裁量权但又不能滥用权力。当然，现实中确实存在着法官枉法裁判的情况，那只能再用《法官法》和刑法去解决了。

上述的解释很容易陷入一种循环论证。法律是立法机关制定的，而立法机关的权威是从哪里来的呢？立法机关的权威是法律所赋予的，这是不是有点鸡生蛋、蛋生鸡的意思？没错，对于一个现代社会，这确实是一个循环论证。也就是说，对于一个现代社会来讲，对于法理型权威来讲，他们的权威从法律中获得，而他们成为权威之后，他们重要的工作就是制定法律和适用法律。从这个意义上来讲，这确实是循环论证，权威创造了法律，反过来，法律创造了权威。不过这个循环论证之所以成立，原因就在于宪法。宪法是规范与权威相互创生的基础，但宪法不参与这个循环，这就是为什么在现代社会宪法如此重要。这其实也是法治的核心所在，所谓的法治，就是一个权威与规范相互创生的系统，法律要得到普遍遵守，就需要有权威的创制和适用，而权威之所以是权威，是因为得到了法律的授权，在这个过程中，个人的肆意和专断被排除。

简单总结一下，法律就像我们电脑上所装的操作系统，它通过合法、非法这样的二值代码来调控整个社会，而法律之所以能够成为现代社会的操作系统，原因就在于法律既具有规范性，又具有权威性，并且规范和权威还是相互创生的，而正义就是在这样的系统中被持续生产出来的。权威与规范的相互创生，以及在这个过程中实现正义，都依赖于程序，这是下一章要讨论的问题。

## 延伸阅读

[美]戴维·奥布莱恩:《法官能为法治做什么》,何帆等译,北京大学出版社 2015 年版。

[英]威廉·塞尔·霍尔斯沃思:《英国法的塑造者》,陈锐等译,法律出版社 2018 年版。

[新西兰]杰里米·沃尔德伦:《法律:七堂法治通识课》,季筏哲译,北京大学出版社 2015 年版。

[英]雷蒙德·瓦克斯:《法律》,殷源源译,译林出版社 2016 年版。

# 04
# 你更喜欢包青天还是正义女神?

上一章我们讲到，法律要实现正义，既需要法律规范，又需要法律权威，而且对于现代社会，法律规范和法律权威是相互创生的。这个相互创生的机制能够有效运转，并且持续生产正义，主要依靠的是程序。也就是说，相互创生是通过程序机制来实现的：立法有立法的程序，司法有司法的程序。就法律作为现代社会的操作系统而言，所有的操作，都是程序性操作。

法律程序非常烦琐，非常死板，非常机械，对普通人非常不友好。比如说民事诉讼，先是烦琐的立案程序，之后诉讼人回去等开庭通知，有时要等两三个月。开庭时又是一套烦琐程序，法官通常会在立案后六个月内审结。如果有特殊情况，需要延长审理时间，经法院院长批准，可以延长六个月，这样的话一年就过去了。如果延长六个月之后还审理不完，报上级法院批准后还可以继续延期。一审判决作出后，如果一方不服，要在十五日内提起上诉，又要进入漫长的二审程序。法官应当在第二审立案之日起三个月内审结。但如果有特殊情况，需要延长审理时间，由法院院长批准后还可以延长，延长多久要看遇到什么特殊情况，可能几个月，也可能几年。二审判决生效后，如果败诉方不履行判决义务，胜诉方还要向法院申请执行，然后再次进入漫长的执行程序。这时如果败诉方有可供执行的财产还好办，如果败诉方确实没有可供执行的财产，那法院也没什么办法，胜诉方虽然赢了诉讼，但可能什么也得不到。在这个过程中，诉讼当事人要付出大量的时间、精力和金钱，但得到的结果未必是当初预期的，甚至可以说，大多数时候都不如当初预期的。

普通人对于法律程序实际上是非常反感的。通过法律程序实现的正义，往往并不令人满意，因为程序太烦琐，正义有时会迟到；即便好不容易拖了几年出了结果，这个结果可能也不是当事人所期待的。那么，法律为什么要设置这么让人反感的程序？法律程序真的能实现正义吗？难道它不会成为法律实现正义的绊脚石吗？

司法程序是法律作为现代社会操作系统的底层逻辑，立法者也好，司法者也罢，只不过是程序中的零部件而已。所谓铁打的营盘流水的兵，程序就是那个营盘，立法者和司法者都是流水的兵，最多干到退休就得走人，但是法律系统该怎么运转还怎么运转，因为有一套程序机制在支撑着。

## 谁是完美的司法者？

要讲清楚程序问题，首先要讲一下两种正义观，一种是实质正义，一种是程序正义。两种正义观讲的具体是什么呢？我们从大家心目中完美的司法者形象管窥一二。

提起完美的司法者形象，很多中国人会想起包公，就是电视剧里经常出现的那位铁面无私的包拯——包青天。提起包青天的形象，你可能会想到黑脸，黑脸代表着铁面无私。但这不是最重要的，脸黑的人多得是。包青天最重要的特征实际上是三只眼，他的额头上有一个月牙形的眼睛，叫"天眼"，据说能让他明察秋毫。所以不管什么冤屈到了包青天面前，都能够得到伸张，正义也都能够实现。

而西方理想的司法者代表是正义女神。正义女神一手提着天平，一手拿着利剑，天平代表着公正，利剑代表着权威。此外，她还有一个更重要的特征，那就是正义女神用一块布把双眼蒙了起来。这跟包青天正好相反，包青天是两只眼睛还不够用，还要有第三只眼睛，而正义女神却把双眼都蒙上。蒙眼这个形象所要表达的意思是，正义女神只听双方的辩论，并据此凭理智作出裁判。正义女神不看面前的人是谁，是贫是富都与案件无关，这意味着法律面前人人平等。正义女神也不会亲自去查明案件真相，诉讼双方通过证据和辩论来呈现真相，每个人都要自己去实现正义。

这两个司法形象有巨大的差别，西方的正义女神是蒙着眼睛，靠"听"来断案的，而包青天是怒目圆睁，靠"看"来断案的。这不是说"听"就能公正判案，"看"就不能公正判案。这个对比只是想要说明，正义女神将正义问题留给了程序，在诉讼双方的对抗辩论中判断是非。而包青天将正义问题变成了法官能否明察秋毫，查不出来就是法官没本事，只能靠大刑伺候，犯人一打就招了。当然，屈打成招的情形非常有可能发生。

包青天和正义女神，这两个形象你更喜欢哪个呢？可能大部分中国人在感情上更喜欢包青天，因为电视剧告诉我们，包青天能帮我们实现正义。只要你击鼓鸣冤就行，其他的事，包青天通通帮你办了，你就等着实现正义就行。但包青天是有天眼的，而我们的法官跟我们一样，都是普通人，没有哪个法官长着天眼，因此，这个理想的包青天形象在现实中基本上是不存在的，只存在于文学创作中。

我们不排除有包青天这样的法官，但我们大多数法官都是肉眼凡夫，没有包青天那样的能力。反过来想，包青天的形象之所以深入人心，恰恰说明这种人非常稀缺。因为像包青天这样的人非常稀缺，非常难得，所以大家才崇拜他。而蒙着眼睛的正义女神，虽然叫女神，但眼睛一蒙，其实就是一个普通人的形象，只能靠"听"来辨别是非。所以法律在制度设计上，就有两个选择：一个是将正义的实现寄托于法官的超凡能力和品德，要求法官不是圣人也得是完人；一个是将正义的实现寄托于正当程序中的普通人，即便是平庸之辈来断案，也不至于犯大错，也能实现正义。

包青天和正义女神，分别代表了中西方完美的司法者形象，虽然两者的差异是巨大的，但是没有对错之分，因为这是两种不同的文化。不过，这种差异也体现出中西方对于正义的不同理解。简而言之，中国人更看重实质正义，因此要明察秋毫，但普通人是做不到的；西方人更看重程序正义，不相信人性，将正义的实现寄托于程序上。

那现代法律选择了哪种正义呢？客观地讲，现代法律选择了程序正义。作出这种选择，不是因为程序正义是完美的，而是因为程序正义是最不差的。为什么这么说呢？我们要来看看什么是程序正义以及程序正义的弊病在哪里。

## 程序正义及其代价

要明白什么是程序正义，我们需要了解美国著名的辛普森案。人们往往在极端之中才能看清事物的本质，而辛普森案恰恰挑战了程序正义的底线。

辛普森是美国著名的橄榄球运动员，因为涉嫌谋杀妻子和一名餐厅服务员而被捕。在庭审过程中，有足够多的证据证明辛普森就是凶手，但是由于警察在收集证据的过程中违反了法定程序，于是法庭使用非法证据排除规则，将这部分关键的证据给排除了，也就是说，不能用这部分证据作为定罪的依据。最终陪审团认定辛普森谋杀罪不成立，辛普森被无罪释放。

辛普森案发生在 1994 年，这个案子在当时不仅困扰民众，也使法律人内部产生了不一致的意见，其中最主要的争论就是，如果违反法定证据收集程序收集到的证据，确实能够证明犯罪嫌疑人有罪，那么是否可以用这些证据来给犯罪嫌疑人定罪呢？有人认为能定罪，因为证据虽然是违反程序所收集的，但毕竟不是刑讯逼供得来的，不能绝对排除；司法机关不能明明知道一个人杀了人，却因为警察收集证据时违反了法定程序，就判决其无罪。但反对方认为，如果这个口子一开，以后警察就都不按证据收集程序收集证据了。一旦为了证明犯罪嫌疑人有罪而将违法收集的证据合法化，就会助长警察采取违法的方式收集证据，这样，人权也随时都会受到侵犯。在这个案子中，虽然排除非法证据会让嫌疑人逃脱法律制裁，但由此提出的警醒，却可以保护更多的人免受非法证据之害。所以最终判决还是把非法证据排除了，辛普森被无罪释放。

辛普森的辩护律师之一，哈佛大学法学院著名教授德肖维茨有一次来中国讲学，中国学者问他，如果辛普森案发生在中国，你认为他会被判无罪吗？德肖维茨斩钉截铁地说："不会，因为我们的法律文化完全不同。"德肖维茨的意思实际上是说，美国人注重程序正义，而中国人注重实质正义。

实质正义更看重结果是否正义，即便实现正义的过程可能是违法的或不公正的，但只要结果正义，那过程的瑕疵就可以被忽略；而程序正义更注重实现正义的过程是否正义，如果过程不正义，那么即便结果正义，也不能被接受。英国法有一句著名的法律格言："正义不仅要实现，而且要以人们看得见的方式实现。"讲的就是这个问题。

实质正义如果能够实现，那当然是好的。但法官不是火眼金睛的孙悟空，法官也会犯错误，因此最有可能保证结果公正的办法就是遵循程序正义。程序正义会不会造成漏网之鱼？当然会。但刑罚关涉人的生命和自由，宁可有漏网之鱼，也不能错杀一个，这是程序正义的基本理念。

我讲这个案件是想说，照章办事不等于程序正义。程序正义的关键问题在于，当我们选择程序正义时，就可能会牺牲掉一部分实质正义，那我们为什么还要选择程序正义，不选行不行？答案是不行。因为人性是靠不住的。

## 为什么必须选择程序正义？

我们普通人看待正义，往往只注重结果，结果正义就行，而忽略了程序。但在很多诉讼中，尤其是在民事诉讼中，一方认为正义，另一方可能就未必认为正义。法律是不可能让所有人都感觉正义的，因此，法律对正义的理解并不着眼于个案的公正，而是着眼于法律秩序本身的公正。

更重要的是，立法者也好，司法者也好，其实都是普通人，都有人性的弱点，都会犯错误。所以，法律并不将正义寄托于任何个人，不把正义的实现仅仅寄托于法官的公正无私，因为如果没有程序的约束，只靠法官的良心，公正无私是不可能实现的。

我再举个包青天的例子。在著名的京剧《赤桑镇》中，包拯的亲侄子包勉因为贪污救灾粮款，被包拯下令处死。包拯自幼丧失父母，全靠兄嫂抚养长大成人，所以面对嫂嫂的责难，包拯承受着深深的道德煎熬，他既要维护司法的公正，又要对得起兄嫂的养育之恩，最终在处死亲侄子的时候，包拯跪地直呼"嫂娘"，承诺为嫂嫂养老送终。[1] 观众就喜欢这样的故事，现在很多影视剧里，为了表达司法人员的公正，往往也会讲述司

---

1　陈瑞华：《看得见的正义》，北京大学出版社 2013 年版，第 28—29 页。

法人员铁面无私地把自己的亲朋好友送到监狱里的故事——司法者备受道德煎熬，观众则感动不已。

其实现代法律完全不需要如此，法律上有句格言，叫"不做自己案件的法官"，在具体的制度设计中则体现为回避制度。如果法官审理的案件与自己有利害关系，法官要主动申请回避，或经当事人申请而回避，将案件交给其他没有利害关系的法官来审理。这样做既可以维护司法的公正，也不至于让法官陷入道德困境。回避制度重要的意义就在于，不给人徇私的机会，也不给人犯错误的机会。

法律不相信人性，任何人都是会犯错误的，因此，与其给予人过高的道德期许，不如不给人犯错的机会，这就是程序的意义。

还是回到最初的问题，没有人反对法律应该追求正义，但法律追求的正义可能并非每个人在个案中感受到的正义，法律不是为个案公正而制定的。立法者不是神，没办法预知每个人需要什么样的正义。法律正义只能是一种程序正义，个案正义只能在程序中去实现。

虽然选择程序正义，会牺牲掉一小部分实质正义，但如果不选择程序正义，则会牺牲掉一大部分实质正义。两害相权取其轻，现代法律选择了程序正义。因此，可以这样说，这不是最好的选择，但这是最不差的选择。

简单总结一下，法律不是正义本身，而是实现正义的机制，法律通过规范与权威的相互创生实现正义，这个相互创生的机制是通过程序实现的。法律不以人性为判断依据，不将正义的实现寄托于伟大的立法者和法官身上，这些人都是可遇而不可求的，能出现最好，不能出现也无所谓。法律必须设计出一种机制，保证在立法者和法官都是平庸之辈、都会犯错误的情况下，正义基本上还能够实现。而人类几千年历史告诉我们，正义的普遍实现，只能依靠完善的法律程序，因此，法律正义必然是一种程序正义。在后面的内容中，我将分别从立法和司法两个层面，从程序正义的角度来讲解立法者和法官是如何在程序中实现正义，以及实现正义的成本和代价。

## 延伸阅读

［美］艾伦·德肖维茨：《合理的怀疑：辛普森案如何影响美国》，金成波、杨丽译，中国法制出版社 2016 年版。

［美］约翰·V.奥尔特：《正当法律程序简史》，杨明成、陈霜玲译，商务印书馆 2006 年版。

［英］阿尔弗雷德·汤普森·丹宁勋爵：《法律的正当程序》，李克强、杨百揆、刘庸安译，法律出版社 2015 年第 3 版。

# 05
# 我们为什么无法摆脱"恶法"？

　　从这章开始，我将用四个章节的内容，从立法者的角度，讨论一下法律的生成逻辑，也就是法律是怎么来的。但我不准备讲立法机关是如何组成以及如何工作的，也不讲法律是如何起草、审议、通过的，这些内容虽然都有价值，但我们绝大多数人一辈子都没机会直接参与立法工作，可以说，这些内容离我们有点远。

　　立法者在制定法律的时候究竟是怎么思考的，才是更为关键的，我们需要了解立法者的思维。

　　身边的人经常跟我吐槽法律，抱怨某部法律不公正，怒斥某部法律是"恶法"。以致我一个教书匠，也常被牵连，成为吐槽的对象，我们被批评天天搞法律研究，却搞出一大堆"恶法"来。比如有些人喜欢抽烟，而且是重度爱好者，他们就会认为各地出台的控烟条例简直违反人性，严重危及了吸烟人最基本的生存权，控烟条例就是"恶法"。现实生活中很多人都会基于各种各样的理由，对法律有诸多类似的抱怨。

很多吐槽是有道理的，我们做法律教学和研究的人，其实大部分时间都在批评立法者制定的法律，法学研究的一项重要内容就是批评已经颁布的法律存在哪些问题，然后推动法律的修改。这些法律基本上是我们的同学辈和老师辈参与制定的。他们参与制定的法律颁布之后，又开始批评这些法律有问题，或许正是因为他们参与了法律的制定，知道问题所在，很多时候才能批评得头头是道。也就是说，职业的法律人也是动不动就拿"恶法"说事。

不只我国如此，其他国家也差不多，普通人和法律人都不满意立法机关制定的法律，都在不停地批评。比如英国政治记者菲利普·约翰斯顿写了一本《恶法：关于英国工党执政十三年期间法律之爆炸性分析》，对英国工党自1997年执政后十三年间制定的法律做了毫不留情的批判。[1]

那么，为什么会存在"恶法"，是立法者故意制定些"恶法"来刁难我们吗？还是立法者也没办法，"恶法"是一种必然？如果你是立法者，你能确保制定的不是"恶法"吗？

---

1 ［英］菲利普·约翰斯顿：《恶法：关于英国工党执政十三年期间法律之爆炸性分析》，范进学译，上海三联书店2017年版。

## 为什么会有"恶法"？

要回答这个问题，我们先来看看，在现代西方社会立法者是一群什么样的人。为了简化讨论，我们只在一般意义上来讲立法者。现代西方社会的法律是由议会制定的，议会是由选举产生的议员组成的，而绝大多数议员从来没学过法律，但他们有权投票通过法律。拿到议会上投票的法律草案是哪里来的呢？通常是由议会中专门负责起草法律的工作部门、法律专家以及积极推动法律制定的其他人士起草的，这个起草的过程是一个非常复杂且漫长的过程，充满了各种各样的观念冲突和利益博弈，总之，拿到议会上投票的法律草案，是在一个立法程序中经由多方参与者博弈之后的妥协结果。好不容易有了妥协达成的法律草案，到了议会投票时也未必能通过；即便通过了，也会有少部分议员投反对票。就算法律最终勉强通过颁行了，但试想一下，这部法律起草和通过的过程中，那些反对这部法律的人，那些对法律有期待，但期待未被法律实现的人，会如何评价这部法律呢？他们很可能会认为这部法律是"恶法"。

立法者是社会秩序的规划师，他们要把纷繁复杂的社会生活规划得井井有条。因此，在立法时，就要平衡各种价值，就要平衡各种利益，最终被制定出来的法律，必然是妥协的产物。请注意，这里的妥协未必都是利益相关方经过讨价还价后，最终心悦诚服所接受的妥协，这里的妥协很多时候是少数服从多数的结果，是被迫的妥协。比如当年奥巴马力推的《平价医疗法》，靠着民主党在参众两院的多数席位强行通过，但引发了共和党的强烈不满。共和党始终批评《平价医疗法》是彻头彻尾的"恶法"。因此，特朗普上台后，一直试图推翻奥巴马的《平价医疗法》。只不过由于共和党内部的分歧，以及共和党未能同时掌控参众两院的多数席位，《平价医疗法》始终未能被废止。共和党甚至通过各种方式，三次将《平价医疗法》告到了最高法院，但均被最高法院驳回。

除了因为利益博弈而产生了一部分人眼中的"恶法"，还有一种情况也不可避免地会产生"恶法"，那就是立法者只是普通人，他们会判断失误，更无法预知未来。在这方面，最有名的例子是美国的禁酒令。[1]1919年，美国竟然通过了《宪法第十八条修正案》，规定"从本条批准起一年以后，禁止在合众国及其管辖下的一切领土内酿造、出售或运送致醉酒类，并且不批准此种酒类输入或输出合众国及其管辖下的一切领土"。这就是美国有名的禁酒令。这里要特别注意的是，这条禁酒令

---

1　关于美国禁酒令颁布和废止前前后后的故事，参见［美］丹尼尔·奥克伦特：《最后一杯：美国禁酒令的立与废》，钟志军、罗梦玲译，中国民主法制出版社2022年版。

可不是总统签署的行政命令，也不是国会通过的法律，而是宪法修正案。《美利坚合众国宪法》以难修改而著称，它的修改需要参众两院各三分之二议员或全国三分之二州议会提出，并经全国四分之三州议会或州制宪会议批准才能生效。这是相当高的门槛，以致《美国宪法》颁布两百多年来一共才通过二十七条修正案。由此可见，当年通过的第十八条修正案有非常坚实的民意基础。

但事与愿违，禁酒令的颁布，未能真正禁止酒类产品的酿造、出售或运送，反而催生大量的地下酒类交易，方便走私犯和黑社会分子从中牟利，甚至还有人贩卖各种酒类半成品，购买者买回去之后按照配方就能勾兑出酒来。总之，禁酒令彻底失败了。从禁酒令带来的各种恶果来看，它绝对可以称得上是恶法。禁酒令苦撑十多年后，1933 年美国又通过《宪法第二十一条修正案》，废止了批准禁酒的《宪法第十八条修正案》。在美国宪法仅有的二十七条修正案中，禁酒和废止禁酒就占了两条。

由此可见，即便是人民当立法者，即便经过深思熟虑，立法失败依然是可能的。在常规的立法中，立法失败的例子更是比比皆是，主要原因是立法者有限的认知，不足以应对高度复杂的现实世界，立法成了不断试错的过程。

最后要申明一下，这里讲为什么会有"恶法"，并不是在为"恶法"辩护，只是要表明"恶法"是一种普遍存在的现象。法学研究的重要任务之一，就是设计更好的立法程序以及合宪性审查程序，尽可能减少"恶法"的出现。但无论立法程序多么完美，只要涉及价值冲突和利益平衡，都会在一定程度上出现"恶法"。

## 法律的善恶之辩

我们来看一个身边的例子，那就是跟大家密切相关的《劳动合同法》。2008 年《劳动合同法》出台后，引发了巨大的争议，一直持续到今天。大多数人可能会想，《劳动合同法》保护的是我们打工人的权益，有什么可争议的呢？但事实上，这部法律引起的争议非常大。[1]

一部分经济学家认为，《劳动合同法》在现阶段过分地保护了职工的权益，如果将其严格执行，就会造成企业成本大幅度攀升，大量企业倒闭、裁员或外迁，失业潮随之来临，反而使得一

---

[1] 有关《劳动合同法》争议的深入分析，可参见梁治平：《立法何为？——对〈劳动合同法〉的几点观察》《在中国，法律是什么？——以〈劳动合同法〉为中心展开》，收录于梁治平：《论法治与德治：对中国法律现代化运动的内在观察》，九州出版社 2020 年版，第 229—298 页。

部分劳动者失去工作，所以是一部"恶法"。比如，2015年，时任财政部部长的楼继伟认为，2007年是中国经济发展的一个拐点，其中一个重要的原因就是2008年1月《劳动合同法》的实施。楼继伟认为《劳动合同法》的弊端，主要在于降低了劳动力市场的流动性和灵活性。职工可以轻易炒雇主，但雇主不能随意解雇职工，因此，很多劳动密集型企业就撤离了中国。

再比如著名经济学家张五常认为，《劳动合同法》是一次灾难性立法，因为它限制了雇主和工人之间的契约自由，本来两者可以通过契约选择更灵活的就业方式，现在则是"一刀切"，劳资双方必须按照《劳动合同法》来。企业达不到《劳动合同法》的要求时怎么办？只能选择违法用工或退出用工市场，这样的举措必然会拖累中国经济。张五常有个大胆的讲法，他认为《劳动合同法》让中国损失了几十万亿元，因此，他一直建议政府允许雇主与工人通过合约选择退出《劳动合同法》。

有些人可能会想，这些经济学家肯定收了企业黑钱，在为资本家说话。但一份来自法院的研究报告与经济学家的观点不谋而合。2016年，北京市第一中级人民法院发布了一个关于劳动争议的调研报告，从司法实践层面揭示了《劳动合同法》带来的现实问题。"市第一中级人民法院2013年共审结劳动争议案件3510件，2014年审结2338件，2015年审结2258件。其中，涉五人以上群体性纠纷，2013年共56起711件，2014年共

36起472件，2015年共28起418件。这些群体性纠纷中的用人单位大多是中小企业，管理相对简单，众案的判决结果严重影响了企业正常的生产经营活动。"调研报告涉及二倍工资案件、无固定期限劳动合同案件、调岗调薪案件、用人单位试用期解除劳动合同案件四类典型案件，这四类案件"存在着劳动者权益保护与用人单位自主用工权之间、稳定的劳动关系与劳动力市场的灵活性之间的博弈"。

具体而言，上述四类案件主要涉及以下问题。

第一，在二倍工资案件中，"二倍工资寻租型诉讼现象日益突出，劳动者利用职务便利或者企业管理漏洞故意不签订、拒绝签订、拖延签订劳动合同，在建筑业、餐饮业、物业管理等多为中小企业且劳动力密集、流动性较大的行业，还出现了'职业碰瓷'的现象"。

第二，在无固定期限劳动合同方面，"虽然立法欲通过强制订立无固定期限劳动合同的做法保护劳动者一方的权益，但是这种当用人单位与劳动者签订第二次固定期限劳动合同时，实际上已经'等同于'订立了无固定期限劳动合同的规定导致实践中很多用人单位尽可能地规避无固定期限劳动合同的签订，反使合同期限趋于短期化，并不能达到预期的立法目的"。

第三，在涉及调岗调薪案件中，"整部《劳动合同法》仅在第三十五条规定用人单位与劳动者协商一致，可以变更劳动合同约定的内容，而该条规定基本没有赋予用人单位任何可以对劳动者进行调岗调薪的权利，立法规定之严苛不言而喻"。在宏观经济形势、产业政策、企业经营外部环境发生变动时，用人单位很难对职工的岗位和薪金作出调整。

第四，在涉及用人单位试用期解除劳动合同案件中，"现行法律框架下，我国严格限制用人单位在试用期的劳动合同解除权，用人单位在试用期解除劳动合同甚至比'正式期'更为困难，使试用期的'实验'目的大打折扣，有悖于试用期制度设立的目的和理念"。

上述四类案件只是劳动争议中四类典型的案件，除此之外，《劳动合同法》实施中尚有两个饱受诟病的问题。

第一，在2008年《劳动合同法》实施后不久，全球性金融危机就爆发了，对此，人力资源和社会保障部、财政部、国家税务总局立刻出台"五缓四减三补两协商"政策，实际上变相暂缓了《劳动合同法》在部分困难企业的实施。各地也相继出台各种政策，变相缓和《劳动合同法》的高要求。同时有调研表明，《劳动合同法》在诸如建筑业、餐饮业这样农民工大量聚集的高流动性行业基本上未能有效实施，《劳动合同法》存在着选择性实施和执法问题。

第二，《劳动合同法》颁布的本意是遏制"劳务派遣"，逼迫企业与职工最终签订无固定期限劳动合同，从而稳定劳动关系，但实际的效果却完全相反。《劳动合同法》的颁布促使中国的"劳务派遣"蓬勃发展。据统计，全国可能有 6000 万～8000 万人属于"劳务派遣"。例如，大部分银行柜员实际上是"劳务派遣"员工而非银行正式员工。就连法院的大量安检人员也属于劳务派遣。《劳动合同法》使得普通的劳动者更难获得固定的工作岗位。

《劳动合同法》"单方保护"或"倾斜保护"的立法原则事实上造成了劳动者的分化。对于那些大型国有企业的员工，《劳动合同法》为他们提供了充分保护，企业对于已经签订无固定期限劳动合同的员工即便不满意，也很难有解除劳动合同的办法。而对于那些在中小企业就业的员工，企业要么根本就不签订劳动合同，要么就用尽各种办法规避劳动合同，从而使得这些员工反而很难获得长期稳定的工作。

任何法律在具体的制度设计上都会存在缺陷，《劳动合同法》中争议最大的不是这些制度缺陷本身，而是《劳动合同法》是否因为这些制度缺陷在事实上拖累了中国经济的发展，并进而影响了部分劳动者的就业。也就是说，一部旨在保护劳动者权益的法律事实上是否减损了劳动者（至少是部分劳动者）的就业权。如果我们假定《劳动合同法》在保护了一部分劳动者劳动权益的同时，事实上也影响了中国经济的发展，并进而减损了一部分劳动者的就业权，那么在这种情况下，《劳动合同法》是不是一部"恶法"？这个问题一直争论不休。[1]

## "恶法"还是法吗?

立法者在制定《劳动合同法》时，要平衡劳动者的权益和企业的权益，要平衡劳动者的权益与经济发展效率，要平衡劳动关系的稳定和就业市场的灵活，还要考虑不同层次劳动者权益的平等保护问题。一部法律是否能够同时处理这些问题，是否能够找到那个恰当的平衡点，是对立法者的极大考验。但立法者也是普通人，他们也无法预测未来，有时立法也是一个试错的过程，要根据实施的效果等因素不停地修改。

但麻烦的问题是，法律不能朝令夕改，法律要有稳定性，这样才能给人们提供稳定的行为预期。由此就带来一个问题，如果一部法律真的制定得不完善，确实有问题，成为所谓的"恶法"，那么这样的法律还是不是法律了？民众还要不要遵守呢？

关于这个问题，我们先来看个经典的案例，那就是第二次世界大战后纽伦堡审判中的告密者案，这是法学中的经典案

---

1 关于《劳动合同法》制定前后的争议，以及当下围绕如何修改《劳动合同法》的争议，参见董保华、唐大杰编：《劳动合同法修法的争鸣与思考》，上海人民出版社2021年版。

件。案件的大概情况是这样的：在纳粹德国，法律鼓励民众告密，当时有个女人跟丈夫关系不好，为了报复丈夫，她就告发丈夫对希特勒和第三帝国的战争政策不满，结果丈夫遭到监禁，然后被送往前线，没多久就战死了。第二次世界大战结束后，这个女人因为告密导致丈夫死亡而被起诉、审判。女人在法庭上提出抗辩，她说她当时只是按照法律的要求行事——法律鼓励告密，她也没想到丈夫会因此死亡。当时的法律是立法机关按照正当的法律程序制定的，她只是遵守了法律的要求，怎么就错了呢？这里的问题是，一个鼓励告密的法律，是不是"恶法"？这类问题引发了巨大争论："恶法"是不是法？

很多人都会讲恶法当然不是法，如果恶法是法，那公平正义何在？但如果法律导致的结果不是非常恶劣，只是有点恶，那这样的法律还是法律吗？更麻烦的是，对于一些法律，一部分人认为是恶法，一部分人并不认为是恶法，比如我们刚才讲到的《劳动合同法》，这种情况该怎么办？恶法在恶与不恶之间、有点恶与非常恶之间，有很大的空间，到底何种程度的恶才算真正的恶法，才不算法律呢？

所以纽伦堡审判时，德国著名法学家拉德布鲁赫提出了判断恶法的一个标准，今天被称为"拉德布鲁赫公式"。这个公式包含两个标准：第一，不能容忍，恶法与正义的矛盾到达不能容忍的程度；第二，否认正义，恶法根本否定正义，特别是否定作为正义之核心的平等。也就是说，必须是那些根本否定正义并且恶到不能忍受的恶法，才不是法。[1]

不过问题还是没解决，到底谁有权力判断一部法律是否根本否定正义并且恶到不能忍受了呢？对于这个问题的回答，我们还是需要回到纽伦堡审判。

第二次世界大战后，对于如何处理纳粹战犯，同盟国内部有巨大的争议。苏联人认为，凡是穿上纳粹军服的人都应该被拉出去枪毙；英国人认为，这些纳粹军官应该直接被活埋；而时任美国联邦最高法院大法官的罗伯特·H.杰克逊认为，必须举行一次公开、公平、公正的审判，在未经审判的情况下，任何人都没有权力将其他人处死，即便是战胜者，也没有这样的权力。也就是说，只有法官通过审判才能判定一部法律是否根本否定了正义，并恶到了不能忍受，以至不再是法律，其他人都没有权力进行判断。

我举这个例子是要说明两个问题。

第一，不是法律有不公正的地方，法律就该被视为恶法，就被判定不是法律，就不需要民众遵守。就像拉德布鲁赫说的，除非法律根本否定正义并且恶到不能忍受，才不是法。

第二，即便法律是不公正的，是一部分人眼里的"恶

---

1 雷磊编：《拉德布鲁赫公式》，中国政法大学出版社2015年版。

法"，但只有法官或特定的机关，才有权力来判断并宣布法律是否因为是恶法，而不再是法律。现代国家普遍建立合宪性审查制度和法规备案审查制度，赋予法官或特定机关来审查法律法规是否因为违反宪法而无效。在法官或特定机关宣布法律无效之前，所谓的恶法，仍然是法律，仍然需要遵守。否则每个人自行判断法律是否为恶法，以及自由选择是否遵守，那法律秩序就乱套了。

当然，这并不是说我们普通人对恶法就完全没办法，我们还是可以不停地呼吁修改法律，或者提出合宪性审查或备案审查要求，通过合法的途径来完善法律，毕竟法律系统有一套自我纠偏的机制。

不过很多人可能还是会认为这不公平，我遭受了"恶法"的不公，你却告诉我"恶法"也是法律，也是要遵守的。当我自己遭受"恶法"的不公时，我应该也会有同样的想法。在这种情况下，我会有三种选择：第一，选择遵守"恶法"，承担由此带来的不公；第二，选择不遵守"恶法"，摆脱"恶法"带来的不公，但要承担违反或不遵守法律的后果；第三，在作出以上两种选择中的一种的同时，采取各种方式推动修改"恶法"。作为独立自主的个体，我们每个人都有选择权。

简单总结一下，立法过程是一个价值冲突和利益博弈的过程，最终通过的法律都是平衡妥协的结果。保护一部分人的利益可能意味着损害另一部分人的利益。再加上立法者认知的局限，作出错误的判断和预测时有发生，因此，"恶法"是一种普遍存在的现象。由此带来的问题是，我们是否要遵守"恶法"，以及谁来判断"恶法"，对此现代法律体系建立了合宪性审查、法规备案审查等制度来判断和废止恶法，以防恶法真的恶到直接否定正义并且不能忍受。除非恶法被法官或特定机关宣布为无效，否则所有人都需要遵守"恶法"。因为这是法律稳定性的要求，也是维持社会秩序的要求。公民可以选择不服从，为权利而斗争，反抗"恶法"，或推动修改"恶法"，这实际上是返回到立法过程中的价值和利益博弈。因此，对于现代公民，与其事后反抗"恶法"，不如在法律颁布之前就积极参与立法。

## 延伸阅读

〔美〕丹尼尔·奥克伦特：《最后一杯：美国禁酒令的立与废》，钟志军、罗梦玲译，中国民主法制出版社 2022 年版。

梁治平：《论法治与德治：对中国法律现代运动的内在观察》，九州出版社 2020 年版。

〔美〕朗·富勒：《法律的道德性》，郑戈译，商务印书馆 2005 年版。

# 06
## 法律不保护权利上的睡眠者吗？

　　有这样一句法律格言："要实现正义，哪怕天崩地裂。"这句话听起来能量满满，非常符合中国人的正义观：无论付出多大代价，正义必须被实现。但如果你是立法者，你会为了实现正义，不惜一切代价吗？更不用说天崩地裂了。事实上立法者不会，有时立法者仅仅为了效率，就会牺牲正义，这又是为什么呢？

## 欠债还钱并非天经地义

　　中国人常说，欠债还钱，天经地义。甚至还会说父债子还，人死债不烂。这都是在说：欠的债，总是要还的。不过这种朴素的认知，在法律上并不成立。在法律上，不但父债子还不成立，欠债还钱也并非天经地义，有时人欠了债，竟然也可以不还。

　　我在学校教法律，经常会有人向我咨询各种法律问题。有一天，一位老同学给我打电话，说："老翟啊，五年前我借给朋友五万块钱，本来约定半年后还钱的，结果半年后我向他要了一次，他说暂时没钱，等有钱了再说。可是后来他一直没还，现在我去要，他说没钱还，还撂狠话说，他就不还了。你说我咋办啊？"

于是我就问我的老同学：在这几年中，你有没有找他要过？他说没有啊，一开始不好意思要，毕竟是朋友，张不开嘴，不好意思天天催，后来慢慢就忘了，一直拖到现在。我告诉他：那你这个钱，恐怕是要不回来了。

我为什么会这么说呢？因为法律上有诉讼时效制度。

什么是诉讼时效呢？简单地说，就是当一个人的民事权利受到侵害后，他要在法律规定的期限之内，向义务人主张权利，比如向欠他钱的人要求偿还。否则这个期限一过，欠他钱的这个义务人就可以拒绝履行义务，法院也不会保护他。

《民法典》第一百八十八条规定向人民法院请求保护民事权利的诉讼时效期间是三年，从权利人知道或者应当知道权利受到侵害之日开始计算，超过三年未主张权利的，就过了诉讼时效。比如我这个老同学，借给朋友五万块钱，约定半年后还，但半年后没还，那么这时候就开始计算三年诉讼时效了。而我这个老同学在自己权利受损的三年里都没主张权利，也就是没有要过债，那么就过了诉讼时效。一旦过了诉讼时效，你再去法院起诉，法院虽然也会受理案件，但会以过了诉讼时效为由驳回诉讼请求。

## 法律不保护权利上的睡眠者

有些人会质疑，说好的欠债还钱，天经地义呢？诉讼时效怎么只有三年呢？立法者这不是助纣为虐吗？这不是鼓励大家逃避责任吗？这不是保护老赖吗？

真的是这样吗？立法者这么黑心吗？当然不是。诉讼时效制度从古罗马时期就已经有了，到现在已经延续了上千年。一个不公正的制度怎么会延续上千年呢？立法者不会这么愚蠢。那立法者规定的诉讼时效制度，到底有什么道理呢？这就涉及立法者的效率思维。立法者必须在保护个人正义和保证社会秩序运转效率之间，寻找一个平衡点，在一定范围内，追求正义要让位于追求效率。

为什么这么说呢？我前面只是举了一个简单的私人之间借钱的例子。事实上，社会经济生活中有各种各样非常复杂的债权债务关系，比如张三欠李四的，李四欠王五的，王五欠赵六的，赵六欠孙七的，孙七反过来又欠张三的，也就是我们经常说的三角债或多角债。在这个链条中，有一方不积极主张自己的权利，可能就会影响整个债务链条的清偿，一方的债权得不到清偿，可能就会影响到生产经营活动。如果这样的事情太多了，那么社会经济秩序可能就会紊乱，这不是立法者希望看到的，立法者希望不稳定的债权债务关系尽快得到解决，这样才能稳定整个社会的交易秩序。

另外，立法者给权利人三年的诉讼时效期间，如果权利人在三年内都不积极主张自己的权利，那立法者为什么要终身保护权利人呢？你自己的权利你都不珍惜，立法者为什么要替你珍惜呢？如果债权人不积极行使债权，久拖不决，慢慢就会形成陈年旧账。如果将这些陈年旧账诉讼到法院，很多证据可能就找不到了，很多事情时间久了就不容易说清楚了，这就会耗费大量的司法资源，而司法资源从哪儿来的？都是来自纳税人的钱啊，别人为什么要替你的懒惰买单呢？

总而言之，就像法律谚语讲的，"法律不保护权利上的睡眠者"。立法者在制定法律的时候，当然要保护权利人的权利，但这种保护不是绝对的。当权利人不积极行使权利时，立法者就会弱化对个人权利的保护，因为权利人不积极行使权利，有可能会影响整个社会经济秩序的运转效率，增加制度成本。这就是诉讼时效背后的效率思维，当对正义的追求已经影响到社会秩序的正常运转时，追求正义要让位于追求效率。

## 立法者对效率的追求

讲到这里,你应该明白什么是立法者的效率思维了,但你可能仍觉得不公平,毕竟社会生活非常复杂,三年的规定也太机械、太教条了吧!就拿我那个老同学来说,他借钱给朋友,不好意思催要也是人之常情嘛。况且如果不是很好的朋友,他肯定不会借钱给那人,那既然是很好的朋友,如果到期不还就催要,总感觉情面上过不去,中国人爱面子嘛。其实你的这些想法,立法者也都明白,毕竟立法者也是普通人,所以所谓的立法者效率思维不是机械的、绝对的,而是灵活的、动态平衡的。

第一,所谓三年诉讼时效期间,是指你在这三年内从来没有向债务人主张过权利,所以过期法律就不保护了。但如果你在这期间找债务人催要过,那么从你催要的时候起,这三年诉讼时效就要重新计算。这在法律上叫诉讼时效的中断,中断了之后,要重新计算三年诉讼时效期间。你看,立法者只是通过诉讼时效制度,逼着你及时行使权利,只要你行使了一次权利,法律就再保护你三年。

第二,如果由于各种原因,确实过了诉讼时效期间,那权利人只是丧失了胜诉权,债权在实体上并不因此消灭。这是什么意思呢?也就是说,过了诉讼时效期间,因为你自己都不上心，法院就不再管你这事了。但你的债权还存在，你还是可以继续向债务人要，只是你不能让法院来帮你要。也存在债务人主动还钱的情况，比如债务人不知道有诉讼时效这回事，过了诉讼时效，他还是把钱还给你了。但他还了钱之后，突然有一天知道还有诉讼时效这回事，发现这个钱本来可以不还的，就向法院起诉，想把钱要回来，你放心，法院也不会保护他。再比如债务人哪天喝多了，一高兴把钱还了，第二天醒酒后想把钱要回来，那法院同样不会保护他。立法者并非简单规定个三年期间就完事了，而是创造一个动态平衡机制。

第三，有一些权利比较特殊，是不适用诉讼时效规定的。只要权利存在着，什么时候都可以行使，比如请求停止侵害、排除妨碍、消除危险；不动产物权和登记的动产物权的权利人请求返还财产；请求支付抚养费、赡养费或者扶养费。

总之，立法者对效率的追求不是机械的，并非"一刀切"，而是一种动态的平衡。立法者给权利人设置时间限制，但也给权利人提供保护机制，这就是我前面说的，立法者要在个人权利与社会秩序之间、正义与效率之间，寻求最佳的平衡点，而且最好是个动态平衡点。

不仅如此，立法者也会根据社会的发展，不断调整平衡的点。比如以前诉讼时效是两年，但现在大家都太忙了，两年的时间一眨眼就过去了，很可能一忙就忘了，错过了诉讼时效，所以立法者就将诉讼时效延长到三年。以后会不会延长到四年、五年呢？这个我们都可以大胆想象，也不是没有可能。

## 效率也是一种正义

除了诉讼时效，法律上还有很多关于效率的规定。以民事诉讼为例，依据《民事诉讼法》，符合起诉条件的，应当在七日内立案，立案之日起五日内将起诉状副本发送被告，被告应当在收到起诉状之日起十五日内提出答辩状；用普通程序审理的案件，应当在立案之日起六个月内审结；当事人不服法院第一审判决的，有权在判决书送达之日起十五日内向上一级人民法院提起上诉；等等。也就是说，你翻开一本法条，里面通常都会有大量有关时间的规定。这些时间规定，一方面是为了保障个人有充分的时间行使权利，但又不能拖拖拉拉；另一方面是为了督促国家权力机关及时履行职责，但也给予了充分的时间保障，以便国家权力机关能够正确地履行职责。

那么，立法者为什么要对这些时间长短作出规定呢？主要原因还在于公平与效率。立法者在保障法律系统持续实现正义的同时，还要考虑法律系统的效率问题，也就是说，必须有效率地实现正义，不能无效率地追求正义。无论是个人行使权利，还是公权力机关履行职责，如果是无效率的，是久拖不决的，那么法律系统的正义产出一定是低效的。

在立法者要平衡的各种价值之中，效率其实也是一种重要的价值，虽然相对于正义而言，我们总觉得效率没有那么重要，似乎要让步于正义的实现，但当效率在整体上影响正义实现时，立法者就会考虑牺牲掉部分正义，从而提高整个法律系统的运转效率，否则如果整个系统效率不高，就会有更多的个案正义没法实现。在这个意义上，我们可以说，效率也是一种正义。当法律系统整体上要求有一定效率时，个人必须适应这样的效率要求，只能在效率要求之下实现个人正义。


## 延伸阅读

熊秉元：《正义的效益：一场法学与经济学的思辨之旅》，东方出版社 2018 年版。

熊秉元：《完美的正义：熊秉元谈法律经济学》，东方出版社 2019 年版。

［美］大卫·D. 弗里德曼：《经济学与法律的对话》，徐源丰译，广西师范大学出版社 2019 年版。

# 07
# 实现正义可以不惜一切代价吗?

　　立法者在制定法律时，为了提升整个法律系统的运行效率，有时会牺牲掉个人的部分正义，以便实现更多的正义。在这个意义上，我们说效率也是一种正义。在实现正义的道路上，立法者不仅需要考虑法律系统的运行效率问题，还需要考虑法律系统的运行成本问题。大家可能会觉得，在正义面前谈效率还有情可原，在正义面前谈成本，太伤正义了，难道不应该不惜一切代价实现正义吗？不过很遗憾，个人可以不惜一切代价实现正义，但法律系统做不到，立法者从不这么想。

## 正义的成本

　　立法者在设计法律制度时，成本是重要的考量因素之一。比如，我们的诉讼是两审终审制，也就是一个诉讼案件二审之后，判决就生效了，而不是三审终审制乃至四审终审制，原因之一就是成本。审级越多，实现正义的成本就越高，两审终审制是正义与成本之间比较好的平衡点。再比如我们去法院打官司，都要缴纳诉讼费，而且还不便宜，这也是为了设一道拦水坝，避免大家有事没事都跑去法院打官司，滥用司法资源，毕竟司法资源也是有成本的。

于是问题就来了，法律不是要实现正义吗？为什么立法者还要考虑实现正义的成本呢？立法者为了省点钱，就要为实现正义设置障碍吗？其实原因不难理解，只是我们感情上不愿接受而已。

一个社会的资源本来就是有限的，而能够投入司法的资源更是有限中的有限。要用有限的资源去实现正义，如果你是立法者，你会怎么做？你一定会考虑，如何用有限的资源实现更多的正义。因此，有一些并非人命关天又非常耗费司法资源的正义，就会让位给那些更重要的正义的实现。简单来说，正义是有成本的，在资源有限的情况下，立法者要寻找正义与成本之间最佳的平衡点。立法者必须有成本思维，不考虑成本的正义是不正义的。

## 辩诉交易

关于正义的成本问题,有一个非常典型甚至有点极端的例子:美国法律上的辩诉交易。辩,是指犯罪嫌疑人的辩护人,也就是律师;诉,是指公诉人,也就是检察官。律师和检察官交易的,是犯罪嫌疑人的罪名和刑期。也就是说,在法官开庭审理之前,处于控诉一方的检察官,可以和代表被告人的辩护律师进行协商,如果被告人承认有罪,检察官可以撤销指控、降格指控或请求法官从轻处罚。很多人听了可能会惊讶,连罪刑都可以公然讨价还价,还有什么正义可言!别着急,我们先来了解为什么会出现辩诉交易这种制度。

在美国,就一个正常的刑事诉讼而言,警察要先侦查,有了足够的证据证明犯罪嫌疑人有犯罪行为后,再移交给检察官审查起诉。只有检察官认为证据确实充分,犯罪嫌疑人才会被起诉。在法院审理过程中,检察官和被告人的辩护律师还要针对证据进行质证,针对罪刑进行辩论,然后才是陪审团来定罪,法官来量刑。一审结束后,如果被告人不服,还要上诉,那么再来一回二审。这个过程全部走下来,少则一年半载,多则三五年,有的甚至更长。这期间会有大量的人力、物力的投入,有的案件光证据材料就有几十卷甚至上百卷,要用车推着去法庭,工作量之大可想而知。

如果案件少但人手多，还可以应付，最怕的是案件多但人手少，那时就会出现大量的案件无法侦破或无法及时审理终结的情况，此时正义会因为人手少而无法实现。你可能想，那简单，增加人手就行。可是每增加一个人，都是有成本的，都要花费纳税人的钱，即便是发达国家，也负担不起。

第二次世界大战后，美国社会犯罪激增，警察和检察官实在应对不过来。当警察和检察官已经掌握了一些犯罪证据，可以证明犯罪嫌疑人有犯罪行为，但证据又不充分，不足以上法庭，检察官就会跟律师商量。如果犯罪嫌疑人此时愿意认罪，那么检察官就可以撤销指控，或者降格指控，或者请求法官从轻处罚。这就是我们常说的坦白从宽，这对于犯罪嫌疑人和检察官来讲，是个双赢的结果。犯罪嫌疑人因此被减轻了处罚，检察官则因此减轻了工作量，可以处理更多的案件。

从成本的角度来看，这样做确实有道理，但从正义的角度来看，这样做也有损正义，所以辩诉交易制度即便在美国也有巨大争议。直到 1970 年，美国联邦最高法院才确认辩诉交易的合法性。1974 年，美国《联邦刑事诉讼规则》正式将辩诉交易作为一项诉讼制度确立下来。虽然仍有争议，但司法实践中辩诉交易已经非常普遍，据说美国有 80%～90% 的刑事案件是通过辩诉交易结案的，并由此节约了大量司法资源。大量的案件可以及时处理完毕，就法律系统整体而言，实际上意味着实现了更多的正义。

我读书的时候，老师课上讲辩诉交易，我基于朴素的正义感，根本没法接受，因为这跟我所要追求的正义背道而驰。但随着年龄的增大，我慢慢理解了正义的实现是有成本的，除非一个社会可以不计成本、不惜一切代价，否则绝对的正义无法完美实现时，我们需要退而求其次，接受相对正义，甚至可以说是必须接受。就整个社会而言，更多相对正义的实现，可能优于更少绝对正义的实现。所以，正义的实现是有代价的，但这种代价是必须的，否则被牺牲的正义会更大。

## 认罪认罚

上文提及的是美国的故事，那我们国家有辩诉交易制度吗？答案是没有，我们的立法者同样基于朴素的正义感，不认可美国这种赤裸裸的交易制度。那我们的立法者不考虑成本问题吗？当然要考虑。我们国家有一种制度，叫认罪认罚从宽制度，是指如果犯罪嫌疑人、被告人自愿如实供述自己的犯罪，对于指控犯罪事实没有异议，同意检察机关的量刑意见，则可以依法从宽处理。

我们过去常说"坦白从宽，抗拒从严"，我们可以把认罪认罚从宽制度理解为"坦白从宽"的制度化。我们的立法者不认为这里有交易，我们的立法者的逻辑是，如果犯罪嫌疑人认罪认罚，那么司法机关可以从宽处理，也就是，一方争取从宽，一方给予从宽，这里面没有交易。但这背后的原因，其实跟辩诉交易是一样的，都是基于对成本的考虑。2019 年 10 月 24 日，我国最高人民检察院联合最高人民法院、公安部、国家安全部、司法部发布《关于适用认罪认罚从宽制度的指导意见》（以下简称《指导意见》），其中明确地讲，推动认罪认罚从宽制度的重要意义之一，就是"推动刑事案件繁简分流、节约司法资源"。当然，这项制度具体的实施，还有很多细节问题，大家有兴趣可以看看《指导意见》。我这里只是强调，认罪认罚从宽制度实施的重要原因，是节约司法资源，也就是考量司法成本。

## 犯罪也有追诉时效

以上通过辩诉交易和认罪认罚从宽制度讨论了法律的成本问题，另外一个体现成本问题的制度是刑法中犯罪的追诉时效。按照《刑法》第八十七条规定：犯罪经过下列期限不再追诉：（一）法定最高刑为不满五年有期徒刑的，经过五年；（二）法定最高刑为五年以上不满十年有期徒刑的，经过十年；（三）法定最高刑为十年以上有期徒刑的，经过十五年；

（四）法定最高刑为无期徒刑、死刑的，经过二十年。如果二十年以后认为必须追诉的，须报请最高人民检察院核准。

也就是说，自犯罪之日起，如果一个犯罪行为在一定时间内没有被控告或立案侦查，那么经过了一定时间，这个犯罪行为就不再被追诉了，犯罪嫌疑人不需要再承担刑事责任了。举个例子，一个小偷偷了五千块钱，属于盗窃公私财物数额较大，应处三年以下有期徒刑，但从盗窃之日起五年内都没人报案，那么五年之后丢钱的人再去报案，公安机关就不再立案侦查了，因为此时已经过了追诉时效。再比如犯罪嫌疑人挪用其单位资金，七年之后才被发现，由于挪用资金罪的追诉时效期限为五年，案发时已经过了追诉时效，犯罪嫌疑人就不再被追究刑事责任了。

明明知道犯罪嫌疑人存在犯罪行为，却仅仅因为一段时间内这一犯罪行为没被发现，犯罪嫌疑人就可以免于追究刑事责任，这是不是纵容犯罪？立法者为何要做如此规定？一方面，刑罚的主要目的是预防犯罪，如果一个人犯罪后，在一段时间内没有继续犯罪，那说明其社会危害性不太大，惩罚的必要性不大；另一方面，则是基于成本的考虑，办理刑事案件需要成本投入。在有限的司法资源下，是集中资源办理当下社会危害性大的案件，还是花费资源去办理已经过去一段时间的社会危害性小的案件？立法者显然选择了前者。过了追诉时效不再追诉的犯罪嫌疑人就完全没有社会危害性了吗？当然不是，但这是法律考虑成本时必须付出的代价。

## 不考虑成本的正义是没法实现的

简单讲了立法者的成本思维以及成本思维的代价，我们再回到正义的成本问题上。我在前面讲过，法律是现代社会的操作系统，跟电脑、手机的操作系统一样；系统只能占用有限的资源，但又必须有高效的产出，否则就不是个好系统。所以，立法者在制定法律时，就必须考虑法律系统的实施成本。如果成本太高，直至不堪重负，那用户就会弃用这个系统，在此情况下，再完备的法律也会被束之高阁，不能发挥实际作用。

这里讲的成本不只是司法成本，还包括社会成本，因为任何法律的实施都会产生社会效应，当社会成本过高时，法律往往不被执行，或者被选择性执行。比如说，我国早在1986年就制定了《企业破产法（试行）》，但实践中很少有企业能按照《企业破产法（试行）》破产。[1]企业破产后产生的职工安置问题以及复杂的债权债务关系问题，使得企业主动破产难上加难，

---

1  关于《企业破产法（试行）》制定前后的故事，可以参见推动《企业破产法（试行）》制定的曹思源先生的回忆录《破产风云》，中央编译出版社1996年版。

以致有一种讲法是,企业还没破产,《企业破产法》先破产了。这就是立法者制定法律时,没有充分考量法律实施后的社会成本该如何承担,以致当法律不被社会接受时,法律就变相地无法得到实施。

再比如我们之前讲过的《劳动合同法》,立法者要充分保护劳动者的权益,但在实际执行过程中,一些小企业无力承担由此带来的劳动成本,因此不执行该法律。政府就面临两难选择,要么强制执行,结果企业倒闭,工人失业;要么睁只眼闭只眼,选择性执法,让有能力的企业执行,没能力的就先放一马。这也是立法者对法律实施的社会成本估计不足,导致了选择性执法的问题。

所以,立法者在制定法律时,必须考量成本问题,不是立法者不想实现正义,而是立法者不得不面对一个现实:正义实现成本太高时,整个社会就会自我调适,自动选择不执行法律或选择性执行法律,最终以社会可接受的成本来执行法律。

立法者的成本思维,实际上是一种不得不然,因为不考虑成本的正义,是没法实现的,甚至可以说,不考虑成本的正义是不正义的。

简单总结一下,法律作为现代社会的操作系统,其运转是需要成本的,而一个社会能够提供给法律系统的资源是有限的。因此,立法者在制定法律时,必然要考虑法律实施的成本，不仅要考虑司法成本，还要考虑社会成本。在这个意义上，不管是美国的辩诉交易制度，还是中国的认罪认罚从宽制度，都是立法者在成本思维下作出的最好选择。

我们每个人都追求各自的正义，当我们通过法律来实现自己的正义时，我们同样要有这种成本思维，要明白通过法律实现正义是需要成本的，法律不会不计成本地为我们实现正义。当然，不仅通过法律实现正义要考虑成本，我们对任何美好事物的追求都要考虑成本，眼下的苟且，就是诗和远方的成本。

## 延伸阅读

熊秉元:《正义的成本：当法律遇上经济学》，东方出版社2014年版。

［美］斯蒂芬诺斯·毕贝斯:《庭审之外的辩诉交易》，杨先德、廖钰译，中国法制出版社2018年版。

［美］乔治·费希尔:《辩诉交易的胜利：美国辩诉交易历史》，郭志媛译，中国政法大学出版社2012年版。

# 08
# 犯罪是法律制造出来的吗?

前面三章内容，不管是立法者的平衡思维、效率思维还是成本思维，其实都涉及平衡问题——不同价值与利益之间的平衡，正义与效率、成本之间的平衡。读完这些内容，你可能会觉得立法者就是个和稀泥的大师傅，什么事到了立法者手里，就是各种妥协、平衡。这种感觉没错，优秀的立法者必须是个平衡高手，我们不怕立法者和稀泥，我们怕立法者的稀泥和得不够圆融自洽。思想家可以极端，但立法者必须中庸。

不过立法者的和稀泥并不是无原则的，平衡也好，中庸也罢，背后还是有一套说法的，这在刑法中体现得尤为明显。这章就以刑法为例子，看看在刑事立法领域，立法者平衡思维背后的法益保护，我们也可以将立法者的这种思维称为法益思维。所谓的法益，就是法律要保护的权益或利益，简称法益。

## 法律制造的犯罪

如果我问大家刑法的目的是什么，我想大多数人的回答是惩罚犯罪。那如果继续追问，犯罪是哪里来的，大多数人的回答可能是：犯罪分子干的坏事。那为什么这些人被称为"犯罪分子"？为什么他们干的事情就是"坏事"？如果一个人购买一只珍贵的濒危野生鹦鹉，但没有伤害鹦鹉，只是当宠物养着玩儿，那这个行为是干坏事吗？这个人是犯罪分子吗？

刑法的基本原则之一是罪刑法定，即一个行为是不是犯罪，只能由法律在事前规定。法律规定某种行为属于犯罪行为，那么这种行为发生时，就是犯罪行为；法律没有规定某种行为属于犯罪行为，那么这种行为发生时，就不是犯罪行为。在这个意义上，我们可以说犯罪是法律制造出来的。

很多人会说，杀人、放火、抢劫、强奸等行为，肯定是犯罪，即使法律不规定，也不能说这些不是犯罪吧。这种说法也没错，法律区分两种犯罪。

第一种犯罪是自然犯，如果某种行为严重违反社会伦理道德、严重危及社会公共秩序，我们一般会认为，无论法律是否规定这种行为是犯罪，这种行为都被视为一种犯罪，比如前文提到的杀人、放火、抢劫、强奸等行为。由于这些行为有巨大的危害性，它们最早被法律规定为犯罪。即便是对这些行为，如何惩罚也要依据法律的具体规定而执行，我们不能说一个人有放火、抢劫或强奸行为，就可以随便拉出去枪毙了，"罪刑相适应原则"也是刑法的基本原则之一。

不过在学理上，也有人否定自然犯，认为这些行为之所以是犯罪，还是因为有法律规定这些行为是犯罪，只不过这些法律最初是以习惯法、自然法、神法等形式存在的。由于这些行为在初民社会就被规定为犯罪，所以我们才认为这些行为属于自然犯，好像是自然而然就成为犯罪的。我们先搁置这个学术上的争论，再看看其他关于犯罪行为的界定。

第二种犯罪是法定犯，与第一种自然犯相对应。虽然有一些行为并不像自然犯那样严重违反社会伦理道德或危及社会公共秩序，但立法者出于对某种特殊法益的保护，也会将其规定为犯罪，这类犯罪叫法定犯。由于法律规定这类行为是犯罪，这类行为才是犯罪，在法律规定这类行为是犯罪之前，这类行为并不是犯罪。你看，在这个意义上，法定犯是不是法律制造出来的？我们通过一个非常有名的冒名顶替上学案来说明这个问题。

原告齐玉苓与被告之一陈晓琪是山东省滕州市第八中学的初中学生，两人都参加了1990年中等专科学校的预选考试。陈晓琪成绩不合格，失去继续参加统一招生考试的资格；而齐玉苓通过预选考试后，又通过了当年的统一招生考试。山东省济宁商业学校给齐玉苓发出录取通知书，由滕州市第八中学转交。但是陈晓琪从滕州市第八中学领取了齐玉苓的录取通知书，并在其父亲陈克政的策划下，运用各种手段，以齐玉苓的名义到济宁商业学校就读。毕业后，陈晓琪仍然使用齐玉苓的姓名，在中国银行滕州支行工作。

齐玉苓发现陈晓琪冒名顶替后，向山东省枣庄市中级人民法院提起民事诉讼，状告陈晓琪、陈克政、济宁商业学校、滕州市第八中学和山东省滕州市教育委员会。案件经过二审后，山东省高级人民法院判决：（1）被上诉人陈晓琪、陈克政赔偿齐玉苓因受教育的权利被侵犯造成的直接经济损失 7000 元，被上诉人济宁商业学校、滕州市第八中学、滕州市教育委员会承担连带赔偿责任；（2）被上诉人陈晓琪、陈克政赔偿齐玉苓因受教育的权利被侵犯造成的间接经济损失（按陈晓琪以齐玉苓名义领取的工资扣除最低生活保障费后计算）41 045 元，被上诉人济宁商业学校、滕州市第八中学、滕州市教育委员会承担连带赔偿责任；（3）被上诉人陈晓琪、陈克政、济宁商业学校、滕州市第八中学、滕州市教育委员会赔偿齐玉苓精神损害费 50 000 元。

以上就是这个案件的基本情况。这个案子之所以出名，是因为该案涉及宪法中的受教育权。最高人民法院曾经专门对此作出一个批复："经研究，我们认为，根据本案事实，陈晓琪等以侵犯姓名权的手段，侵犯了齐玉苓依据宪法规定所享有的受教育的基本权利，并造成了具体的损害后果，应承担相应的民事责任。"[1]因为这个批复，这个案子被称为中国"宪法司法化"第一案。在我国司法实践中，宪法是不能直接作为裁判依据的，但因为最高人民法院的批复提到"侵犯了齐玉苓依据宪法规定所享有的受教育的基本权利"，所以学者们希望通过此案来推动宪法在司法裁判中的适用。不过所谓的"宪法司法化"第一案昙花一现，十年之后，最高人民法院又亲自撤销了这个批复。

　　回到法定犯这个主题上，我们需要提醒注意的是，这个案件是一起民事诉讼，被告除了承担民事赔偿责任，并不需要承担刑事责任。也就是说，陈晓琪冒名顶替齐玉苓上学的行为，只是民事侵权行为，不是刑事犯罪行为。这个案件之后，各省又陆续发现诸多冒名顶替上大学的案件。虽然冒名顶替行为严重损害了教育公平，引发社会高度关注，但这些案件都以民事侵权诉讼被处理，冒名顶替者只承担民事侵权责任。只有在个别案件中，一些人员因为涉及伪造国家机关证件罪而承担了刑事责任，但这些人都不是冒名顶替者本人。总之，在冒名顶替上学案件中，冒名顶替行为不构成犯罪。

　　由于这类冒名顶替上学事件时有发生，公共舆论一直谴责

---

1　我国最高人民法院《关于以侵犯姓名权的手段侵犯宪法保护的公民受教育的基本权利是否应承担民事责任的批复》（法释〔2001〕25号）。

这类行为，并要求严惩。2020 年全国人大常委会通过《刑法修正案（十一）》，其中规定在《刑法》第二百八十条之一后增加一条，作为第二百八十条之二："盗用、冒用他人身份，顶替他人取得的高等学历教育入学资格、公务员录用资格、就业安置待遇的，处三年以下有期徒刑、拘役或者管制，并处罚金。组织、指使他人实施前款行为的，依照前款的规定从重处罚。"《刑法修正案（十一）》于 2021 年 3 月 1 日正式生效，在这之后，"盗用、冒用他人身份，顶替他人取得的高等学历教育入学资格、公务员录用资格、就业安置待遇的"，就构成犯罪，就要承担刑事责任。

同样的行为，是不是犯罪全看刑法怎么规定。一个行为原来不是犯罪行为，但只要刑法将其规定为犯罪行为，那么这个行为就是犯罪行为了，在这个意义上，犯罪就是法律制造出来的。一个人在 2021 年 3 月 1 日以前冒名顶替上大学，只能算民事上的侵权行为；在 2021 年 3 月 1 日以后冒名顶替上大学，就算刑事上的犯罪行为。

这几年刑事立法采取积极态度，将大量行为纳入刑法调整范围，增设了大量新的罪名，光《刑法修正案（十一）》就增加了十五项新的罪名。比如因新冠疫情的暴发，《刑法》第三百四十一条增加了一款作为第三款："违反野生动物保护管理法规，以食用为目的非法猎捕、收购、运输、出售第一款规定以外的在野外环境自然生长繁殖的陆生野生动物,情节严重的,依照前款的规定处罚。"再比如,针对自然保护区内屡禁不止的违建行为,特别是秦岭违建产生的巨大影响,《刑法》第三百四十二条后增加一条,作为第三百四十二条之一:"违反自然保护地管理法规,在国家公园、国家级自然保护区进行开垦、开发活动或者修建建筑物,造成严重后果或者有其他恶劣情节的,处五年以下有期徒刑或者拘役,并处或者单处罚金。"

简单总结一下,除了大家熟知的那些严重暴力犯罪,刑法中大量的犯罪都是法定犯,由于刑法规定这类行为是犯罪,这类行为才是犯罪。其实很多行为在入刑之前,不但不是犯罪,甚至连违法或侵权行为都算不上,比如下面要讲的购买濒危野生鹦鹉案。

## 法益保护

接下来的问题是,为什么刑法会将这些行为纳入调整范围,制造出大量犯罪行为?可能很多人会认为是为了惩罚犯罪,但如果犯罪是法律制造出来的,那实际上惩罚罪犯仅仅是手段,而惩罚犯罪有更高的目的,那就是保护某种具体的法益。没有法律要保护的法益,就没有侵害这种法益的犯罪,也就没有对犯罪的刑罚。比如下述这个真实的案件。

北京西单商场的一家饭店为了招揽生意，老板就让店长买了两只鹦鹉放在店门口。这种行为很快被人举报了，举报人说这两只鹦鹉是濒危野生动物。警察来了之后就把两只鹦鹉拿去鉴定，经鉴定，它们均为国外濒危物种：一只是非洲灰鹦鹉，一只是非洲和尚鹦鹉。按照我国对于濒危野生动物保护的相关规定，这两只鹦鹉属于国家一级和二级保护动物。饭店老板和店长因为购买两只鹦鹉，犯了非法收购珍贵、濒危野生动物罪，均被判处有期徒刑一年六个月，缓刑两年。这里简单解释一下什么是缓刑。所谓缓刑，是指对触犯刑法，经法定程序确认已构成犯罪、应受刑罚的人，先行宣告定罪，但暂不执行所判处的刑罚。法院给个缓刑考验期，如果在考验期内被执行人没有再犯罪，法院就不执行其所判处的刑罚了。也就是说，这两个买鹦鹉的人，如果在两年缓刑期内没有再犯罪，那么就不用执行一年半的有期徒刑了。但如果在此期间他们又犯罪了，那这一年半有期徒刑，还是要执行的。

很多人知道这个判决后很惊讶，不就是买了两只鹦鹉嘛，至于判刑吗？！法官是怎么想的！其实这事不能赖法官，因为法官必须依法判案，既然法律这么规定，那法官就只能这么判。我把法官作出判决所依据的法律条文列在下面。

《刑法》第三百四十一条规定：非法猎捕、杀害国家重点保护的珍贵、濒危野生动物的，或者非法收购、运输、出售国家重点保护的珍贵、濒危野生动物及其制品的，处五年以下有期徒刑或者拘役，并处罚金；情节严重的，处五年以上十年以下有期徒刑，并处罚金；情节特别严重的，处十年以上有期徒刑，并处罚金或者没收财产。

只要有以上法律条文中所列行为，就构成犯罪，就要承担刑事责任。不要说买了两只鹦鹉，就算只买一只，只要这只鹦鹉属于国家重点保护的珍贵、濒危野生动物，购买者就要承担刑事责任。那么，法律将这种行为纳入犯罪，是为了惩罚这种行为呢，还是为了保护某种特殊的法益？很显然是为了保护某种特殊的法益，按照《野生动物保护法》中的讲法，这种法益就是"维护生物多样性和生态平衡"。

我们来做个对比，或许就更清楚。并非所有野生动物都受法律保护，你买一只小猫没任何问题，买只小仓鼠养养也可以。只有珍贵、濒危野生动物才受法律保护，这些受保护的珍贵、濒危野生动物都会列入《国家重点保护野生动物名录》。如果一种野生动物没有被纳入《国家重点保护野生动物名录》，那么买卖这种野生动物就不构成犯罪。事实上，正是为了保护某种重要的法益，法律才会惩罚买卖珍贵、濒危野生动物的行为。

再举个例子。1957 年，约翰·沃尔芬登（John Wolfenden）爵士向英国议会提交了《沃尔芬登报告》（*Wolfenden Report*，

即 *The Report of the Departmental Committee on Homosexual Offences and Prostitution*），认为成年人之间自愿的同性性行为不应该再被视为犯罪，因为这属于私人道德领域的事物，法律不应该干涉。时任英国上议院大法官的帕特里克·德富林（Patrick Devlin）对这份报告非常不满，他认为如果一种行为是不道德的，那么法律就应该禁止并惩罚这种行为，因为个人不道德的行为会败坏社会公共道德。时任牛津大学法哲学教授的赫伯特·莱昂内尔·阿道弗斯·哈特（H. L. A. Hart）严厉批判了德富林的观点，他认为没有理由认为一种行为不被社会主流认可，法律就要禁止并惩罚这种行为，更没有理由认为私人之间的不道德行为就会败坏社会公共道德。如果私人之间不道德的行为并没有严重的社会危害性，没有特别值得保护的法益因此受到侵害，法律就不应该进行强制。[1]

这个争论实际上引申出一个问题，如果一种行为不被主流社会认可，但这种行为也没有侵犯某种值得保护的法益，那么刑法要不要处罚这种行为？后来的法律理论和立法实践都认为，如果一种不道德的行为并不侵犯某种值得保护的法益，刑法就不应该将其规定为犯罪，因为刑法的目的是保护值得保护的法益，而不是单纯惩罚不道德的行为。比如通奸在我国就不

---

1  详细的争论参见［英］帕特里克·德富林：《道德的法律强制》，马腾译，中国法制出版社 2016 年版，第 1—32、193—212 页。

是犯罪行为，而属于私人之间不道德的行为，因为其中没有值得刑法保护的法益，所以刑法就不惩罚通奸行为。但如果通奸对象是不满十四周岁的幼女，就构成"奸淫幼女型强奸罪"。或"对已满十四周岁不满十六周岁的未成年女性负有监护、收养、看护、教育、医疗等特殊职责的人员，与该未成年女性发生性关系的"，就构成"负有照护职责人员性侵罪"，因为上述行为里有刑法要特殊保护的法益，那就是幼女或未成年女性的身心健康，所以刑法就惩罚这种行为。再比如通奸的对象是现役军人的配偶的，且长期同居，就涉嫌构成破坏军婚罪，同样是因为这类行为里有需要刑法特殊保护的法益。

## 法益衡量与底线思维

如果说刑法的目的是保护某种特殊的法益，那么立法者就要衡量哪些法益需要刑法保护，哪些法益不需要刑法保护；罪与非罪的界限在哪里。刑法保护法益的方式非常特殊，刑法保护一种法益，就意味着要将一种行为规定为犯罪并惩罚这种行为，保护的法益越多，要惩罚的行为就越多。

那是不是惩罚的行为越多越好，当然不是，对很多法定犯来说，保护一种法益，可能意味着伤害另一种法益。比如1979年我国刑法中有投机倒把罪，将那些看准时机行情、倒买倒卖以获取暴利的行为视为犯罪行为，但这样的规定就有可能将很多正常的商业交易视为投机倒把，并对行为人进行刑事处罚，那么市场经济就没法发育和成熟起来，因此，1997 年刑法就取消了投机倒把罪。

刑法要保持谦抑性，对于那些没有严重侵犯某种具体法益的行为，就应该将其交给行政法或侵权法去处理，而不能都纳入犯罪处罚中。因此，立法者在衡量需要刑法保护的法益时，至少需要考虑以下几方面。

第一，是否具有合理的目的。也就是说是否具有一种需要刑法特殊保护的具体法益，比如自愿的同性性行为中就没有需要刑法保护的合理的目的。而针对陆续发现的冒名顶替上大学案件，教育公平和受教育权就可以成为合理的目的。

第二，刑罚是不是达到合理目的的有效手段。即便有了合理的目的，也要考虑刑罚是否有效。比如对于"老赖"，如果他确实没有执行能力，那么对他采取刑罚手段也没有用，只能徒增司法成本；如果他有能力执行而拒不执行，那刑罚才是有效手段。所以，《刑法》第三百一十三条规定："对人民法院的判决、裁定有能力执行而拒不执行，情节严重的，处三年以下有期徒刑、拘役或者罚金。"这里只针对"有能力执行而拒不执行"这种情况。

第三，是否存在替代刑罚的手段。还是针对"老赖"问题，对于一般的"老赖"，可以采取"限制消费令""公布失信被执行人名单信息"等方式，这些方式可以作为替代刑罚的手段。此外，对于不是很严重的违法行为，可以以治安管理处罚的方式替代刑罚，比如对于卖淫和嫖娼行为，采取行政拘留和罚款就可以了。补充说明一下，《治安管理处罚法》中处罚的是违法行为，而不是犯罪行为，因此，治安管理处罚是一种行政处罚而非刑事处罚。以前我国曾用"劳动教养"来代替刑罚，但"劳动教养"对人身自由的限制已经超过了刑罚，因此"劳动教养"已经被废止。

第四，利用刑法保护法益的同时可能造成何种损害。在对一种法益进行保护的同时，刑法会给人们的自由或社会生产带来负面影响，因此必须衡量保护的法益和损害的法益。比如上述事例中提到的投机倒把罪可能会影响正常的商业行为；非法经营罪的兜底条款的广泛适用，事实上也会妨碍经济发展；非法集资罪的广泛适用，则会限制一些正常合理的借款行为。

法益衡量不是科学计算，是没法轻易找出正确答案的，而刑事立法涉及罪与非罪的边界，是为整个社会划定行为底线，因此刑罚既不能过于宽松，又不能过于严苛，必须慎之又慎。法益衡量需要经受上述环节的考量，全部通过之后，才能确定一个行为属于犯罪行为，应该受到刑事处罚。[1]

这个过程也再次说明，立法过程是一个非常复杂的平衡过程，各方面的因素都要考虑进来，最终寻求一个平衡点。法律对正义的追求以及正义的最终实现，都内在于这个立法平衡的过程，我们也只能在这个法律生成过程中来理解法律的正义和我们的正义。当然，正义的实现，除了有赖于法律的生成过程，还有赖于法律的实施过程，后文我将阐述正义是如何在司法过程中实现的。

## 延伸阅读

［意］切萨雷·贝卡里亚：《论犯罪与刑罚》（增编本），黄风译，北京大学出版社 2014 年版。

［英］帕特里克·德富林：《道德的法律强制》，马腾译，中国法制出版社 2016 年版。

张明楷：《刑法格言的展开》，北京大学出版社 2013 年第 3 版。

---

1　以上论述参见张明楷：《法益保护与比例原则》，载《中国社会科学》2017 年第 7 期，第 88—108 页。

# 09
# 疑难案件有唯一正确答案吗?

　　从这章开始，我将利用六章的内容，讨论一下法律的运行机制，即法官在具体的诉讼中，是如何使用立法者制定的法律的。不过我不准备讲法院是怎么组成的以及各类诉讼的具体程序，因为如果不到法院打官司，这些都用不上；真的到法院打官司，没有律师的帮助，普通人基本上也搞不定。我要讲的，是法官在裁判案件时都会考量哪些因素，是如何思考的，也就是裁判者思维。

　　这章先讲讲司法过程，也就是法官审理案子，到底是怎么一回事。主要讲三个问题：第一，法官审理案件的基本原则是什么？第二，法官审理案件时，有唯一正确的判决吗？第三，如果没有唯一正确的判决，我们还能相信法官的判决吗？

## 准绳与准棍

先来说说第一个问题：法官审理案件的基本原则是什么？用一句话回答就是："以事实为依据，以法律为准绳。"法官必须根据证据依法裁判。

我有个朋友，经常会耍点小聪明为难我。有一次他假装一本正经地问我，你们法律人总说"以法律为准绳"，为什么不是以法律为"准棍"？你看啊，绳子通常是弯弯曲曲的、柔软的东西；棍子是笔直的、坚硬的东西。法律不是更应该像棍子吗？谁违反法律就揍谁。以法律为"准绳"而非"准棍"，是不是这样你们法律人才有浑水摸鱼的空间？

这个问题近乎抬杠，谁也没有听说有"准棍"这个词，但这个问题也不是全无意义。这个问题实际上问到了司法的本质，为什么这么说呢？

一般人的印象中，绳子是弯曲的，棍子是笔直的。但是仔细想一想，就凭我们生活中的日常经验，绳子就一定是弯曲的吗？棍子就一定是笔直的吗？恐怕未必。比如木匠做木工活的时候，如果要看看一块板材是不是笔直的，他就必须用墨斗盒拉出一根线来作参照。把墨线的一端固定，另一端用力一拉，一根笔直的线就出来了。如果要在板材上画一道直线，只要在板材上一绷墨线就可以了。所以说，虽然绳子通常是弯曲的，但是只要把绳子的两端使劲一拉,绳子就能变成笔直的。

反过来看棍子,一般认为棍子相对于绳子来说是直的。但是有一个问题,如何判断一根棍子到底直不直?最常用的方法是在它旁边拉一根绳子,以拉紧的绳子作为标准。弯曲的绳子两头被用力拉直后,反而可以作为衡量棍子曲直的标准。

上面这个现象跟司法过程又有什么关系呢?在法庭上,原告和被告唇枪舌剑,就事实问题进行举证和质证,就法律问题进行充分辩论,法官主要负责维持庭审秩序,居中做个裁判。为什么要让双方进行这种质证和辩论呢?法条白纸黑字写得明明白白,案件事实也有证据支撑,法官直接裁判就行了,为什么还要辩论呢?

实际上,双方充分质证和辩论的过程,就好像站在绳子的两端,把绳子使劲拉直的过程。我们常说清官难断家务事,很多事情不是那么容易说清楚的;即便事实说清楚了,如何依据法律作出公平合理的裁判,也不是那么容易的。整个案子可能真的像一条弯弯曲曲的绳子,甚至是一团乱麻。但是,如果允许双方进行充分质证和辩论,他们就会在法官面前你来我往,牵扯出这个纠纷的前因后果,这样就能把案件事实尽可能充分地展现出来。至于应该适用哪条法律,如何适用这些法律,双方也充分地表明了立场。所谓法官要公正裁判,必须首先有这个拉绳子的过程,也就是庭审中相互质证和辩论的过程。这就是法官审理案件的基本原则，通过原告与被告之间的质证和辩论，把弯曲的绳子拉直，然后法官据此进行裁决。

我们过去的司法过程是"纠问制"，法官居于主导地位，积极主动地询问当事人，由此查明案件事实，而不太依赖于诉讼双方对抗中的质证和辩论。而现在的司法过程是"对抗制"，法官主要是维持庭审秩序，引导诉讼双方充分对抗，因为真理越辩越明，然后在双方的对抗中查明案件事实，决定如何适用法律。"对抗制"对于诉讼双方的要求比较高，律师的作用也就发挥出来了。1998年我刚读大学时，正处于"纠问制"与"对抗制"的转换期，老师在课堂上还要两种制度都讲讲，现在基本上是"对抗制"的天下了。只有采取对抗制，有一个充分拉扯的过程，"以事实为依据，以法律为准绳"的原则才能得到落实。

有一部经典法律电影叫《十二怒汉》（*12 Angry Men*），讲的是在一次审判中，所有证据都指向一个贫民窟中长大的十八岁男孩谋杀了亲生父亲，男孩的罪行似乎是板上钉钉的事了。但在陪审团讨论案情的时候，有一位陪审员坚持认为被告无罪。由于要想判决被告有罪，需要十二位陪审员意见一致，于是陪审员之间就辩论起来。随着辩论的深入，不断有陪审员改变立场，最终十二位陪审员竟然一致认为被告无罪。这就是一个在辩论中不断澄清事实、修正立场的过程，陪审员间的角力特别像一个把绳子拉直的过程。[1] 中国翻拍了这部电影，叫《十二公民》，也值得一看。

## 有唯一正确的判决吗？

再来看看第二个问题，法官审理案件时，有唯一正确的判决吗？也就是说，有了对抗制的庭审，就一定能找到正确答案吗？很多人会认为，必须找到，不然怎么判决案件。那我们就一起来看一个案件。

案件的情况是这样的：施某和李某在工作中相识，迅速擦出爱情火花，相识不到三个月就闪婚，婚后育有一子。随着孩子的出生，原来的浪漫情调让位于琐碎的日常生活，两个人也越过越觉得性格不合，终于没熬过七年之痒，在孩子五岁时，两人准备离婚。但两个人都想要孩子的抚养权，于是诉讼到法院。

先说一下《民法典》中有关子女抚养权的法律条文，第一千零八十四条规定："离婚后，不满两周岁的子女，以由母亲直接抚养为原则。已满两周岁的子女，父母双方对抚养问题协

---

1　［美］雷金纳德·罗斯：《十二怒汉》，何帆译，译林出版社 2018 年版。

议不成的，由人民法院根据双方的具体情况，按照最有利于未成年子女的原则判决。子女已满八周岁的，应当尊重其真实意愿。"具体到本案中，孩子已经五周岁，不属于"以由母亲直接抚养为原则"的申请。但孩子不满八周岁，也不属于"应当尊重其真实意愿"的情况。法官只能"根据双方的具体情况，按照最有利于未成年子女的原则判决"。

法官审理后发现，两个人的情况基本上差不多。两个人在同一个单位上班，受教育情况差不多，收入差不多；两个人除了性格不合，都没其他过错，在抚养孩子上付出的也差不多。那么在这种情况下，法官如何"按照最有利于未成年子女的原则判决"呢？

在双方的基本情况相当时，法官就目前掌握的情况所作出的判断，就只能是自由裁量。在这个案件中，法官把孩子判给男方还是判给女方，都没有对错之分。有的时候司法判决不存在唯一正确的判决，而是可以这样判，也可以那样判。

我这里只举了一个例子，其实司法实践中有很多情况都需要法官作出自由裁量。有的自由裁量涉及原告、被告双方谁输谁赢，比如刚才讲的这个抚养权案件。有的自由裁量涉及赢的赢多少、输的输多少，比如离婚分割财产案件。这些案件的共同特征就是，法官可以作出自由裁量，也只能自由裁量。

即便是在刑事案件中,法官也有自由裁量空间。比如《刑法》第二百四十六条规定:"以暴力或者其他方法公然侮辱他人或者捏造事实诽谤他人,情节严重的,处三年以下有期徒刑、拘役、管制或者剥夺政治权利。"侮辱或诽谤到什么程度属于"情节严重的",以及"三年以下"到底是两年、一年还是六个月,法官都有一定的自由裁量空间。

回到"以法律为准绳"这个问题上,刚才讲过,只要在绳子两边用力拉,绳子就是直的。虽然绳子可以拉直,但生活是拉不直的,生活的复杂程度,是不能够完全用横平竖直来衡量的。因此,"以法律为准绳",不仅强调绳子直的一面,还强调即便是拉直的绳子,你在绳子中间轻轻一点,绳子也可以稍微弯曲,这个弯曲就是法官的自由裁量权。如果以法律为"准棍",那法官就没有自由裁量的空间了。

## 法官说了算

接下来看第三个问题,如果没有唯一正确的判决,我们还能相信法官的判决吗?答案是,我们要相信。

法官审理案件的过程,是一个与立法相反的过程。立法是从各种各样的具体纠纷中抽取出最大公约数,然后抽象成一个个普遍适用的法律条文。在这个过程中，法律条文要广泛适用，就要抛弃具体细节，就要高度抽象；结果就是我们所看到的法律条文，大多都非常抽象。比如，《民法典》中关于侵权责任的一般规定是这么说的："行为人因过错侵害他人民事权益造成损害的，应当承担侵权责任。"一句"因过错侵害他人民事权益造成损害"，几乎概括了绝大多数侵权行为。张三骑自行车横穿马路把别人撞伤了属于这种情况，李四给客人倒水时把客人烫伤了属于这种情况，王五家里漏水把楼下邻居家淹了属于这种情况，赵六出门遛狗时因为没牵狗绳，狗把邻居咬了也属于这种情况，等等。大千世界，各种侵权行为数不清，立法者不需要具体描述每种侵权行为，只要用一句"因过错侵害他人民事权益造成损害"就可以了。

立法过程是一个从具体到抽象的过程，抽象程度越高，适用范围越广。而司法过程恰恰相反，是一个将抽象法律规定适用到具体案件中的过程，是一个还原的过程。因为法律规定太抽象，具体案件又千奇百怪，所以这个还原过程不是一个简单的一一对应的过程，而是一个将抽象规定具体化的过程。

比如上述抚养权的案子，就是将"最有利于未成年子女的原则"具体化的过程。法官要根据男女双方的具体情况来判断，如何判决才符合"最有利于未成年子女的原则"。有的时候很好判断，比如男方吃喝嫖赌还实施家庭暴力，那一定是不利于未成年子女的。但有的时候就很难判断，比如前面提到的男女双方情况基本相当时。但是，即使法官这时再难判断，他也要作出判决。法官不能说，对不起我不管了，你们两个抓阄儿去吧。所以，在此情况下，只能让法官自由裁量了。

再比如我们法学院课堂上经常举的一个例子：公园门口挂了一个牌子，上面写着"禁止车辆入内"。那么婴儿车算不算车？滑板车算不算车？老年代步车算不算车？环卫工人的垃圾车算不算车？等等。车辆，这个非常普通且具体的名字，在适用到具体案件中，都会有含义模糊的地带，更不用说"故意""过失""正当防卫"这些本身就很抽象的概念。这些概念适用到具体案件中时，语词的模糊地带更多。

我反复说，司法过程不是自动售货机，不是大家投入证据，就能导出明确的结果。司法过程是一个非常复杂的裁判过程，这个过程中有各种不确定性。在这种情况下，我们就只能依靠法官作出自由裁量了。正如前面说过的，不是因为法官作出了正确的裁决，所以裁决才是终局的；而是因为裁决是终局的，所以法官才是正确的。法官在各种可能性中作出选择时，我们只能认为法官这个选择是正确的。

当然，大家肯定会担心出现糊涂僧判糊涂案的情况，立法者自然也会想到这个问题。不过不用太担心，法官的自由裁量受到诸多限制。

第一，在大陆法系国家，法官必须"以法律为准绳"，裁判时必须说明作出裁判所依据的法律，成文法的法条虽然有模糊地带，但其核心地带的意思是清晰明确的。刑法中规定一项犯罪的法定最高刑是五年，那法官就不能判六年，只能在五年以内裁决。"禁止车辆入内"中的"车辆"肯定是包含小汽车的，如果有人没有任何特殊理由开一辆小汽车进入公园，法官就不能说这个行为没有违反公园禁令。法官只能在法律的模糊地带自由裁量，不能超越法律的核心地带。

第二，司法程序实行两审终审制，一审法官在裁判案件时，必然会考虑一审判决是否可能被二审法院撤销或发回重审，这个制约性因素使得一审法官在行使自由裁量时非常谨慎，必须有充足的理由，排除各种明显的错误。二审判决虽然是终局性的，但由于我国还有审判监督程序，对于已经生效的二审判决，如果发现确实有错误，那还可以再审。此外，二审法官在撤销一审判决时，同样要有充分的论证和说明，要阐明为什么一审判决是错误的，这也是一种制约。

第三，法官在行使自由裁量权时，还会受到诸多软性制约，其中最主要的是以前的判决。虽然在大陆法系国家，判例不是正式的法律渊源，没有法律约束力，法官也没有法定的遵循先例的义务。但是，法官都会习惯性地参照以前的判决，除非审理的是全新的案件。一方面，这是最省事的，以前怎么判的，现在还怎么判，各方都挑不出毛病；另一方面，要作出一个跟以前不同的判决，会有非常高的论证负担。如果法官不能给出充分的论证，那不仅会增加被上级法院改判的风险，还要承受法律职业共同体的批评。

因此，虽然法官有自由裁量权，但自由裁量是有限度的，这是由法律的本性决定的。中国传统司法智慧讲"天理、国法、人情"，法官作自由裁量时，不仅要考虑国法，还要考虑天理和人情。普通法系中也有一个概念，叫"衡平"（equity），就是说法官要凭良心判案，也是同样的道理。

简单总结一下，法官审理案件的基本原则是"以事实为依据，以法律为准绳"，"准绳"要求司法审判过程必须是一个充分质证和辩论的过程，如此才能保证司法裁判的公正。司法过程是将抽象的法律规定适用到具体案件中的过程，由于现实的复杂性以及法律条文语言表述的局限性，并不是每一个案件都有唯一正确的判决。法官在法律条文的空白地带享有自由裁量权，虽然自由裁量不是无限制的，但在自由裁量的范围内，法官说了算。

## 延伸阅读

［美］本杰明·卡多佐：《司法过程的性质》，苏力译，商务印书馆 1998 年版。

［美］理查德·瓦瑟斯特罗姆：《法官如何裁判》，孙海波译，中国法制出版社 2016 年版。

［美］李·爱泼斯坦等：《法官如何行为：理性选择的理论和经验研究》，黄韬译，法律出版社 2017 年版。

# 10
## 法律的生命源于逻辑还是经验？

在司法审判过程中，判例发挥着非常重要的作用。在普通法系国家，判例是正式的法律渊源，司法审判要遵循先例。在大陆法系国家，判例虽然不是正式的法律渊源，但无论是法官还是当事人，都非常重视对判例的研究和参考。我国甚至发展出"指导性案例"制度，要求法官在作出裁判时，必须参考最高人民法院发布的"指导性案例"。为什么判例对司法审判如此重要，答案就是美国联邦最高法院霍姆斯大法官那段有名的论断："法律的生命向来不是逻辑，而是经验。在对约束人们行为的法律的各种影响中，时代的要求、流行的道德和政治理论、公共政策中公开的或潜藏的觉察力，甚至法官与他们同事所具有的偏见，比逻辑演绎的作用要大得多。法律所承载的，是一个民族演化的累世叙事，而不光是数学般的定理和定论。"[1] 就此而言，法律源于经验而非逻辑。当然，霍姆斯这句话是针对普通法来说的，那我们就从普通法中的遵循先例讲起。

## 遵循先例

在法律的演化历史中，遵循先例是始终存在的，但将其发扬光大并且明确作为裁判原则的，是英国的普通法。为什么普通法要遵循先例呢？前面讲过，普通法起源于习惯，最初，习惯的内容是陪审团提供的，普通法法官在处理纠纷的过程中，逐步发展出普通法规则。但这些规则并不会像制定法那样明确地写出来，而是隐藏在案例中。早期的判决都很简单，就是记录发生了什么事，怎么裁决的。裁决的依据是什么，通常都不会明确写，所以千万别以为判决里面会写着明确的裁判依据。由此，普通法通常并不把之前的判决视为法律，而仅仅视为法律的藏身之所，后来的法官只能去先前的判决中寻找法律，所以才会说法官只是发现法律而非创造法律。

大法官布雷克顿（Henry de Bracton）写的《论英格兰王国

---

[1] ［美］小奥利弗·温德尔·霍姆斯：《普通法》，郭亮译，法律出版社 2021 年版，第 1 页。《普通法》是霍姆斯的代表作，但这本书是对普通法的知识考古学，专业门槛非常高，非专业人士很难读懂。

的法律与习惯》（*De Legibus et Consuetudinibus Angliae*）奠定了普通法的基础，其实这本书只不过是对过往两千多个案例分门别类地梳理，有助于法官从中发现法律。布雷克顿说："如果出现了相同的案件，就应该用一种相同的办法来判决：因为从判例到判例比较好处理。"[1]这里的"从判例到判例"，不是相对于从法条到判例说的，而是相对于从习惯到判例说的，因为习惯更难把握，而判例至少还有个载体。

　　布雷克顿大法官主张遵循先例，道理其实很简单：一方面重复是人类的天性，以前怎么做，现在就怎么做，简单并且高效率；另一方面也是公平的自然要求，如果同案不同判，后来的人自然感觉不公平。

　　这里要特别声明，就像普通法本身一样，遵循先例也是自然形成的，而且直到19世纪，没有任何的法律或判例要求法官必须遵循先例，法官是将遵循先例作为一种习惯来沿袭的。到19世纪，法官才在法院的判决中明确声明自己会遵循先例。在1833年的米尔豪斯诉论内尔案（*Mirehouse v. Rennell*）的判决中，英国法官派克（J. Parke）指出："我们的普通法制度存在于将我们从法律原则和司法先例中得出的那些法律规则适用于新的情况组合中；为了实现统一性、一致性和确定性，我们

---

1　［英］阿尔弗雷德·汤普森·丹宁勋爵：《法律的未来》，刘庸安、张文镇译，法律出版社2011年版，第6页。

必须将这些规则适用于所有出现的案件，只要它们不是明显不合理和不方便的；我们不能因为认为这些规则不如我们自己设计的那样方便和合理，就随意拒绝它们，并放弃对它们的所有类比。"[1]意思就是说，只要先前判例中形成的法律规则，对于当下相同的案件不是非常明显的不合理、不合适，法官就要遵循先前的判决。即便法官自己可能不太认可先前的判决，但是也要遵循。因为只有这样，才能保证相同的案件得到相同的处理；否则的话，每位法官各行其是，法律的确定性、统一性和稳定性就毫无保障了。

英国上议院曾在1898年的伦敦街有轨电车公司诉伦敦市议会案（*London Tramway Co. v. London County Council*）的判决中认为："本院就一项法律问题作出的决定是终局性的，只有议会法案才能纠正本院判决中被指控的错误。"[2]这段话的意思就是，即便我判错了，在议会法律纠正之前或自我纠正之前，其他的法院也必须遵守。你可能觉得这太不合理了，但你想想，如果先例没有权威，法官自行其是，判决结果五花八门，那可能最终的结果更不合理。也就是说，即便错，大家也要错得步调一致。

---

1 (1833) 1 Cl and F 527，https://swarb.co.uk/mirehouse-v-rennell-1833/.
2 [1898] AC 375，https://learninglink.oup.com/static/5c0e79ef50eddf00160f35ad/casebook_22.htm.

　　有的人会认为下级法院的法官难做，明明自己内心不认可上级法院的判决，还是要遵循。其实对法官来说，他们很乐意在判决中遵循先例。因为遵循先例对他们来说是处理案件效率最高、成本最低、犯错误最少的方式，特别是遵循上级法院的先例。如果每一位下级法院法官作出判决后，都面临上诉被改判的风险，那就会影响法官的声誉和绩效，所以选择遵循上级法院的先例是最保险的方式。

　　但到了20世纪中叶，法院又明确声明要放弃严格遵循先例的原则了，法院判决过程中有时候会突破之前的先例，创造新的规则。这里所提及的"不遵循先例"，是不"严格"遵循先例，而非完全不遵循先例。连法院都明确声明自己并不严格遵循先例了，为什么我们还说遵循先例是普通法的原则和方法呢？

## 识别与区分

　　这就涉及遵循先例必然要面对的两个问题：第一，有那么多的先例，法官到底遵循哪个或哪些先例，以及如何来确定要遵循的先例；第二，如果当社会生活发生巨大变迁，那么严格遵循先例会造成不公平的结果，这时该怎么办呢？对这样的问题，很多人自然会想，那就为法官提供遵循先例的规则，指导法官如何遵循先例，比如制定个遵循先例指南。这是典型的大陆法系思维，普通法根本不会这么想。普通法通过技术来解决问题，也就是遵循先例的两个重要技术：识别和区分。

法官是如何遵循先例的？很多人认为这很简单，就是案件以前是怎么处理的，现在还怎么处理。但严格来讲，世界上没有两个完全相同的案件，同样是侵权案件，一个案件中甲用拳头打伤了乙，另一个案件中甲用木棍打伤了乙，这两起案件能算是同案吗？有些人认为，是拳头还是木棍无所谓，甲打伤乙才是关键。但如果一个案件中甲是故意用拳头打伤了乙，而另一个案件中甲是无意中用木棍打伤了乙，那这两个案件还是同样的案件吗？或者两个案件中的甲都是故意打人，但一个案件中甲是因为乙先抢劫甲的钱包，甲才打的乙，而另一个案件中乙只是个路人，看了甲一眼，甲就拿起棍子打伤了乙，那这两个案件还是同样的案件吗？

因此，遵循先例不是民众想的那么简单的，法官必须动用识别和区分这两项技术，识别的技术是指要能从过往众多的案件中找出与手头案件相似的案件。一个案例有很多内容，通常区分为案件事实、判决理由和附随意见。案件事实就是案件的基本情况，包括有哪些人、发生了什么事等。判决理由是指法官作出判决时的法律依据，这是要识别的核心内容。附随意见是判决理由之外的其他说理，是法官顺带说的，虽然它跟此案的判决并不直接相关，但也有可能成为下一个案件的判决理由。难就难在，法官在判决一起案件的结果时是不会明确说判决理由是什么的，判决理由都隐藏在法官的推理过程中，需要后面的法官去发现。因此，不同的法官有可能会有不同的发现，即便他们的发现是一致的，各自的理解也未必一致。

再说一下区分的技术，它是指要能从两个相似的案件中区分出两者之间相同的地方和不同的地方。识别的过程必然也涉及区分，区分的过程也涉及识别，但识别往往是为了遵循某个先例，而区分往往是为了不遵循某个先例。当法官不想遵循某个相似的案例时，他就要用区分的技术来说明为什么两个案件看起来相似但实际上不同，以致他不能遵守这个案例，而要去遵守其他的案例。不同的法官会有不同的识别，不同的法官也会有不同的区分。那你肯定会问，如果这么混乱，那普通法法官的自由裁量权力也太大了，如何保证案件裁决的公平呢？答案是存在一种竞争性的机制。

## 章回体小说

对于这个问题，曾任牛津大学首席法理学教授的罗纳德·德沃金将普通法裁判与章回体小说作类比，按照他的讲法，普通法裁判就像章回体小说，每个裁判都是法官在普通法这部章回体小说中写下的一笔。法官每写一笔，都要考虑这部"小说"之前写了什么，有哪些人物，发生了什么事。法官不能乱写，乱写就说明法官不够格，会被法律职业共同体鄙视。[1]因此，大多数法官都是照着前面的写，虽然平淡无奇，但不会犯错。但也有的法官或者遇到了新问题，或者不满足于之前的平淡无奇，要自己创造点转折。如果后来的法官认可这样的转折，那么他们会接着新故事写，写下新故事的这个法官就成为普通法历史上具有开创性意义的法官；如果后来的法官不认可，哪怕上一位法官写出了一个横空出世的英雄的故事，后来者也不会让这个故事延续下去，他们会让这个英雄死于非命，新故事也就这样结束了，大家依旧会延续之前的写法。

"章回体小说"的比喻非常好地说明了普通法的连续性和创新性之间的动态关系。而无论是连续还是创新，都是以遵循先例的名义作出的。没有法官会说自己在创造新法律，即便是那些没有严格遵循先例的法官，也会说自己只是发现了之前未被发现的法律。

因此，遵循先例实际上是司法裁判的一个竞争性机制，每一个当下的裁判都有可能成为以后裁判要遵循或抛弃的先例，

---

1 ［美］罗纳德·德沃金：《法律帝国》，李常青译，中国大百科全书出版社1996年版，第201—245页。

一个法官的地位往往取决于他作出的裁决是否会被其他法官遵循。虽然遵循先例的基本原则是下级法院遵循上级法官的先例，同一个法院遵循本法院以前的先例，但是如果一个下级法院的判决被其他法官普遍认可，那上级法院也会遵循。因此，20世纪普通法法院放弃了严格遵循先例的原则，这并不是说不再遵循先例，而是不再机械地遵循先例，要重新回归遵循先例的竞争性机制，让真正被认可的先例在竞争之中被遵循，而非将先例捆绑在法院的级别之上。其实就算严格限制也没用，法官通过识别和区分技术，依然可以规避严格遵循先例的要求。

## 指导性案例与类案检索

讲完了普通法中的遵循先例，再来看看判例在我国的地位。案例在我国不是正式的法律渊源，但法院在审理案件中越来越重视案例的参考作用。2010年11月26日我国最高人民法院发布《关于案例指导工作的规定》（法发〔2010〕51号），正式建立指导性案例制度。最高人民法院定期从已经生效的裁判中选择一些有代表性的案例，经过加工编辑之后向社会公布，这些案例主要涉及以下方面：（一）社会广泛关注的；（二）法律规定比较原则的；（三）具有典型性的；（四）疑难复杂或者新类型的；（五）其他具有指导作用的案例。各地法院在审理这些案件时，由于对法律的理解不同，经常出现同类案件不同判决的情况，为了统一法律适用，最高人民法院要求各级人民法院审判类似案例时"应当参照"最高人民法院公布的指导性案例。"应当参照"说明指导性案例不能作为裁判的依据，只能作为裁判时的参考因素，法官依然必须依据具体的法律条文来裁判案件，但指导性案例有助于统一法官对于法律条文的理解和适用。

在指导性案例实施十年之后，2021年9月6日我国最高人民法院印发《最高人民法院统一法律适用工作实施办法》（法〔2021〕289号），要求办理的案件具有下列情形之一的，承办法官应当进行类案检索：（一）拟提交审委会、专业法官会议讨论的；（二）缺乏明确裁判规则或者尚未形成统一裁判规则的；（三）重大、疑难、复杂、敏感的；（四）涉及群体性纠纷或者引发社会广泛关注，可能影响社会稳定的；（五）与最高人民法院的类案裁判可能发生冲突的；（六）有关单位或者个人反映法官有违法审判行为的；（七）最高人民检察院抗诉的；（八）审理过程中公诉机关、当事人及其辩护人、诉讼代理人提交指导性案例或者最高人民法院生效类案裁判支持其主张的；（九）院庭长根据审判监督管理权限要求进行类案检索的。类案检索可以只检索最高人民法院发布的指导性案例和最高人民法院的生效裁判。

类案检索制度进一步强化了指导性案例的"参考"作用，法官在审理那些有争议的案件时，必须进行类案检索。如果同类案件有指导性案例或最高人民法院的生效判决，那么在判决中"应当参考"这些同类案件的判决。当然法官可能审理后认为看似同类的案件，实际上不是同类案件，因此无法参考，那也要在判决书中说明不参考的理由。

我国的指导性案例和普通法中的先例是完全不同的，"参照"指导性案例与遵循先例也是不同的。我国的指导性案例实际上是最高人民法院针对一些有争议的案件的"以案释法"。如果你看最高人民法院发布的指导性案例就会发现，指导性案例中的"裁判要旨"，特别像一个个具体的法律条文。这些条文弥补了成文法的空白或解释了成文法的模糊之处，而法官在裁判时虽然依据某个具体的法律条文，但实际上是按照指导性案例来理解和适用这个法律条文的。

除此之外，由于技术的发展，现在法官和律师可以很容易检索到已经判决生效的相同或类似案件，这些案件也可以作为裁判的指导。虽然法官作出判决时没有义务参照这些法律，但如果之前有的案件是这样判的，现在法官想不这么判，那他就需要提出更强的论证理由，来说明现在为什么不这么判。法官也必须面对被上级法院改判的风险，或被同行以及法学家批评的风险。所以,法官基于成本和效率的考量,除了指导性案例,也会关注其他同类案件的裁判。


## 同案同判与"活的法律"

无论是遵循先例还是指导性案例制度,都有一个基本的预期,那就是"同案同判"。"同案同判"的意思就是说,当下案件的判决,必须与之前相同案件的判决一样,这样才能保证法律的确定性、统一性和稳定性,人们才能形成稳定的行为预期,判决才是公平的。这个要求很正当,但实施起来并没有那么容易,因为什么样的案件是"同案",什么样的判决是"同判",都存在争议。

第一,根本不存在严格意义上的同案,没有任何两个案件是完全相同的。就像哲学上说的,人不可能两次踏进同一条河流。同样是幼儿园老师虐待幼儿案,没有任何两个案件中老师虐待幼儿的手法、力度、时间、态度完全一样。幼儿体质不同、情感各异,同样的虐待行为也会有不同的后果。因此,所谓的"同案",实际上是"类案",即一些案件大体上属于一类,可以说,只存在类似的案件,不存在相同的案件。

第二,由于案件事实和法律的模糊性,两个案件是否属于同类案件也存在争议。比如,什么样的行为是体罚,什么样的行为是虐待,并没有截然清楚的界限。老师不停地推搡孩子,时间持续了五分钟,是体罚还是虐待?或者孩子调皮捣蛋,老师打了他屁股几下,还让他罚站半小时,是体罚还是虐待?如果老师的行为被认定为体罚,那就属于《治安管理处罚法》的范围,在此情况下,老师只是违法,最多拘留十五日。如果老师的行为被认定为虐待,那就属于刑法的范围,此时老师就是犯罪,就要判三年以下有期徒刑或拘役。因此,类案之间也是有模糊地带的。

第三,同判的具体所指是什么?如何实现同判?我们可以做个沙盘推演,设想一下,我们将一个教师涉嫌体罚或虐待幼儿的案件,交给全国一百位最优秀的法官来判,我敢保证判决结果不会完全一致。很可能的结果是,有的法官认为这是体罚,并不构成虐待;有的法官认为这已经超过了体罚的限度,构成虐待被监护人罪。那些认为构成虐待被监护人罪的法官之间,最终判决的刑期也未必一样。

因此,法官不会绝对地遵循先例,也不会机械地"参考"指导性案例,法官会在职权范围内,根据案件的具体情况作出自由裁量,每一个新的裁量,都有可能成为将来被其他法官遵循或参照的先例。为什么大陆法系国家也越来越像普通法系国家那样重视判例的作用,原因就在于判例是"活的法律"。法律条文是纸面上的法律，判例是行动中的法律；纸面上的法律与真实的案例之间总是存在一定的空白或模糊地带，判例在每一个具体案件中填补了空白地带或澄清了模糊地带。法律就这样一步一步不断向前发展，以应对不断出现的各类新案件。

## 延伸阅读

［英］哈利·波特：《普通法简史》，武卓韵译，北京大学出版社 2022 年版。

［英］鲁伯特·克罗斯、［英］J. W. 哈里斯：《英国法中的先例》，苗文龙译，北京大学出版社 2011 年版。

［英］罗斯科·庞德：《普通法的精神》，唐前宏等译，法律出版社 2018 年版。

# 11
# 没有证据就没有事实?

　　司法审判的基本原则是"以事实为依据，以法律为准绳"。那么，这里的事实是客观真实吗？我想很多人会认为，应该是吧，事实都应该是客观的，主观的东西怎么能是事实呢？但我接下来要讲的是，事实未必是客观的，当然也不是主观的，事实只是证据能够证明的事实。这是一种特殊类型的事实，法律上通常称之为案件事实或法律事实。也就是说，"以事实为依据"中的事实，并非客观事实，而是通过证据建构出来的法律事实。

## 客观事实与法律事实

　　什么是法律事实？它与客观事实有什么关系呢？我在第 1 章就讲过，假设我的一个网红朋友跟我借了一千元现金，至今未还。但由于他是我的朋友，他借钱的时候，我没有录音，没有录像，没有让他写欠条。当我起诉到法院时，如果你是法官，你认为我这个网红朋友究竟有没有跟我借钱？

由于我没有证据，这件事在很多人眼里可能是真的，也可能是假的。那么，法官应该怎么认定案件事实呢？法官可能会说，考虑到我的这个朋友是网红，应该不差钱，不至于欠债不还，这事肯定是假的；法官也可能会说，考虑到我的这个网红朋友人品很差，有钱不还也正常，这事肯定是真的。事实上，两种情况都不会发生。法官不会考虑我的网红朋友是否有钱，也不会考虑网红朋友人品是好是坏，法官根本没有时间和精力来判断，法官只会考虑一个问题，原告是否有证据？我说没有证据，那法官就会说，对不起，因为原告没有证据能证明他的网红朋友借钱与否，所以只能驳回原告的诉讼请求了。

我们要注意一点，法官没说网红朋友客观上没有借钱。法官只是说，我没有证据证明网红朋友跟我借了钱，至于客观上网红朋友是否借了钱，法官没有给出任何判断。在法官看来，如果没有证据，那么借钱这事在法律上就不存在，因此只能驳回诉讼请求。至于网红朋友客观上是否借了钱，法官也不知道。

所谓法律事实，就是证据能够证明的事实，法律事实以客观事实为基础。如果有法律事实那通常就有客观事实，但有客观事实却不一定有法律事实。

## 证明标准与自由心证

没有证据就没有法律事实，那有证据必然有法律事实吗？答案是，那也未必。如果我当时借给网红朋友的不是现金，而是微信转账的，有转账记录就能说明我在什么时间转给网红朋友一千元。我把转账记录提供给法官，那法官会认为我事实上借给网红朋友一千元吗？答案还是不一定。因为我只提供了一个转账记录，如果网红朋友否认这个转账是借钱，反而猪八戒倒打一把，说这个转账不是我借钱给他，而是还钱给他，是因为我之前跟他借了钱，现在把钱还给他，这时，法官就要判断，这个转账是借钱记录还是还钱记录了。

法律上有一项基本的原则，叫"谁主张谁举证"，意思就是说，谁向法院提出主张，谁负责拿出证据，证明自己的主张是有依据的。如果负有举证责任的一方拿不出证据证明，就要承担举证不利的后果。所谓举证不利，就是证据不能证明所要证明的事实，那么所要证明的事实在法律上就不存在。具体到借钱这事，我此时就需要证明，这个转账记录确实是我借钱给网红朋友的证据。我可能会提供给法官一大堆我跟网红朋友的其他聊天记录，但这些记录都没有明确记载借钱的事实。我只是想表明网红朋友有借钱的可能，比如里面有他表示最近手头比较紧的记录。网红朋友也可能提出一些相反的证据，证明我曾经也跟他表示过手头比较紧，我也有跟他借钱的可能。那么，法官只能根据我们提供的这些证据来作出判断了。法律上把这个判断过程称为自由心证，也就是法官根据证据，自主作出判断。

那法官如何来判断呢？在民事诉讼和刑事诉讼中，证明的标准是不一样的。在民事诉讼中，法官采取证据优势标准，也叫高度盖然性标准。双方当事人根据民事诉讼的证据规则，对同一事实分别举出相反的证据，但又都没有足够的依据否定对方的证据。这时法官应当结合案件情况，判断一方提供的证据的证明力，是否明显大于另一方提供的证据的证明力，并对证明力较大的证据予以确认。也就是说，法官要比较谁的证据证明力更强，达到有高度盖然性的水平。如果无法判断证据的证明力强弱，导致争议的事实难以认定，那么负有举证责任的一方，就要承担举证不利的后果。具体到借钱这个案件上，法官要详细看我们两个的证据，然后判断谁的证明力更大。如果我们两个的证据没有明显的差别，那法官就只能认为我所提供的证据没有证明存在借钱的事实，这时我就要败诉了。所以，负责举证的一方不但要有证据，还得达到证明的标准才行。

刑事诉讼中的证明标准要比民事诉讼中的证明标准高很多，要达到排除合理怀疑的程度，即证据所要证明的犯罪事实中，不能存在任何合理疑问，这是一个相当高的标准。根据刑事诉讼法的规定，定罪量刑的事实都必须有证据证明，定案的证据都必须经过法定程序查证属实，最后法官综合全案证据，确认所认定的事实是否已经排除了合理怀疑。只有达到这个标准，才能证明证据所要证明的事实。

比如前段时间平反的张玉环案，原审法院定罪的证据是"两份有罪供述，一个麻袋、一条麻绳和两道伤痕"。仅根据这些证据，并不足以证明张玉环杀了人。因此，再审法院认为，"原审据以定案的证据，没有达到确实、充分的法定证明标准，认定张玉环犯故意杀人罪的事实不清、证据不足，按照疑罪从无的原则，不能认定张玉环有罪"。也就是说，原审法院没有排除合理怀疑，因此就不能认定证据所要证明的事实存在，也就不能证明张玉环杀了人。值得注意的是，再审法院没有认定张玉环没杀人，只是认定现有的证据不足以证明张玉环杀了人，不能排除合理怀疑，所以按照疑罪从无的原则，再审法院宣判张玉环无罪。不能认定杀人和没杀人是有区别的，至于张玉环客观上是否杀了人，谁也不知道，只能说目前还没有证据足以证明他杀了人。

最后要讲的是，无论是高度盖然性还是排除合理怀疑，都涉及法官的判断问题，也就是法官的自由心证。证据对事实的证明不是科学实验，无法做到百分之百的真实无误。只要涉及人为判断，就会有失误，所以高度盖然性和排除合理怀疑都不是绝对的，都存在着错误的可能性，但这是没办法的。所谓法官的自由心证，就是要求法官凭借自己的知识、经验和良心，根据质证后的证据作出最终的判断，这个判断权给了法官。还是前面讲过的问题，法律领域中很多问题都需要最终的权威，但权威也会犯错。不是因为正确而权威，而是因为权威而正确，这是法律领域中的不得不然。

## 对事实的裁剪

诉讼中的证据规则非常复杂，法学院通常有一门课叫"证据法学"，是专门讲证据规则的。简单来讲，法律上的事实，是证据能够证明的事实，证据要能够证明事实，还必须达到法定的证明标准，在民事诉讼中达到高度盖然性，在刑事诉讼中达到排除合理怀疑。

在任何一个诉讼中，案件事实都是过去发生的，只能靠证据来复原，因此，如果你参加一个诉讼，就会发现庭审中最耗费时间的就是证据认定的过程。一方提出证据，另一方对证据的真实性和相关性进行质证。如果双方有争议，就由法官来裁决，最终法官会根据全案认定的所有证据，来查明案件事实。

不过，司法审判的原则除了"以事实为依据"，还有"以法律为准绳"。因此，法官在审理案件时，一边要认定案件事实，一边还要思考该适用什么法律，这是同时进行的。不是先认定完事实，再去找要适用的法律，法官要在事实与法律之间来回往返。一旦法官根据初步认定的事实，决定了要适用的法律，那么要适用的法律就会反过来影响案件事实的进一步认定。什么意思呢？一个案件涉及的事实非常多，有些相关，有些不相关，究竟哪些事实要认定，哪些事实不认定，会受到所要适用的法律的影响，法官最终要认定一个与所适用的法律相符合的案件事实，那些影响法律适用的案件事实，很可能被排除掉。我们先看一个案例。

2001 年四川泸州发生了一个非常有名的案子，媒体一般称为"情妇继承案"。基本情况是这样的：某公司职工黄某和蒋某于 1963 年结婚，但是妻子蒋某一直没有生育，后来抱养了一个孩子，但两人感情始终一般。1994 年，丈夫黄某认识了离异并带着一个孩子的女士张某，并且在与张某认识后的第二年同居。黄某的妻子蒋某发现这一事实后进行劝告，劝自己的丈夫回归家庭，但是无效。1996 年年底，黄某和张某租房同居，并以"夫妻"名义生活，两人依靠黄某的退休金和共同经营的小买卖勉强度日。所以，这不是一个富豪包养年轻女子的故事。

两人公开同居五年后，2001 年 2 月，黄某确诊肝癌晚期。在黄某即将离开人世的那段日子里，张某面对旁人的冷嘲热讽，以妻子的身份守候在黄某的病床边。黄某很感动，在同年4月18日立下遗嘱："我决定，将依法所得的住房补贴金、公积金、抚恤金和出售泸州市江阳区一套住房所得金额的一半（四万元），以及手机一部，遗留给我的朋友张某一人所有。我去世后骨灰盒由张某负责安葬。"4月20日，黄某的遗嘱在公证处办理了公证。两天后黄某去世，张某根据遗嘱向蒋某索要财产和骨灰盒，但遭到蒋某的拒绝，张某遂向泸州市纳溪区人民法院起诉。

这个案件的核心争议点是，黄某将自己的财产遗赠给所谓的"情妇"，这个遗赠在法律上是否有效？如果仅从继承法来看，这个遗赠是有效的，更何况还办理了公证。每个人都可以通过遗嘱将自己的财产赠与其他人，这些人不需要是自己的法定继承人，但问题是，遗赠给所谓的"情妇"是否有效？当时社会舆论对"包养情妇"是非常厌恶的，因此，主流的舆论都在谴责这个所谓的"情妇"。法官迫于舆论压力，就要否定遗嘱的效力，那怎么否定呢？法官准备适用当时《民法通则》中的公序良俗条款，认定遗赠给"情妇"的行为违反公序良俗，因此是无效的。

法官在选择了案件所适用的公序良俗条款以后，接下来就在事实认定上对证据进行裁剪，只认定黄某在婚姻期间公开与张某同居这一事实，因为这个事实是违反公序良俗的。对于黄某与张某相依为命，蒋某在黄某生病期间不给予照顾，以及张某为黄某养老送终这样的事实，根本就不认定。也就是说，认定的事实必须是违反公序良俗的，对于其他的案件事实，特别是有可能不违反公序良俗的案件事实，都不认定。在这个意义上，"以事实为依据"中的事实，不仅是证据能证明的事实，还是适用法律所需要的事实，是根据所要适用的法律裁剪过的事实。

案件判决之后，很多法律人和媒体批评法官被社会舆论绑架，没有客观公正地认定案件事实，以致错误适用法律。黄某在婚姻存续期间与他人同居是违反婚姻法的，但法律没有规定如果违反婚姻法，那遗嘱就无效。考虑到案件涉及的其他事实情况，黄某作为一个独立的个体，有权利依照自己的意愿处置自己的遗产。如果黄某将遗产遗赠给张某之外的其他人，按照法律规定，遗赠就是有效的；那遗赠给自己相依为命为自己养老送终的人，遗赠给自己更亲近的人，为什么就是无效的？仅仅因为有同居行为，遗嘱的效力就可以被否定？个人立遗嘱时的自由意志就可以被否定？当然，也有支持判决的法律人和媒体，双方争论得不可开交，一些法律人友谊的小船为此都翻了。但是在法官根据适用法律的需要裁剪案件事实这个问题上，双方没有什么争论。

简单总结一下，"以事实为依据"是司法审判的一个基本原则，但是这里的事实，指的不是客观事实，而是法律事实。我们普通人要通过法律实现正义，但首先要明白的一点是，正义的实现是有条件的，重要条件之一就是证据。没有证据就没有法律事实，没有法律事实就没有法律上的正义。我们经常见到一些人因为没有证据，自己遭受的冤屈得不到伸张，进而认为法律是不公正的。但这是没办法的，因为法官必须遵循基本原则，证据规则不仅是对当事人的一种限制，更是对法官的一种限制。如果法律允许法官不依据证据来认定事实，并据此作出裁判，那我只能说，冤假错案会更多。证据或许是个人实现个体正义的绊脚石，但却是法律实现法律正义的垫脚石。

## 延伸阅读

〔美〕詹姆士·Q.惠特曼：《合理怀疑的起源》（修订版），佀化强、李伟译，中国政法大学出版社 2016 年版。

〔美〕科林·埃文斯：《证据：历史上最具争议的法医学案例》，毕小青译，生活·读书·新知三联书店 2016 年版。

〔加拿大〕道格拉斯·沃尔顿：《法律论证与证据》，梁庆寅等译，中国政法大学出版社 2010 年版。

# 12

## 气死人真的不偿命吗？

俗语常说"杀人偿命"，如果一个人杀了人，他大概率要被判处死刑或者无期徒刑，为他的杀人行为承担法律责任，只不过法律并不将这种惩罚称为"偿命"。但还有另外一句俗语说"气死人不偿命"，那么问题来了，为什么同样是死人，杀死人要偿命，气死人就不偿命呢？这就涉及法律上的因果关系问题。

因果关系在法律中有多重要呢？可以这么说，几乎所有的法律责任的确定，都需要先查明因果关系。没有因果关系，就没有法律责任。不过要特别提醒的是，有了因果关系，也不一定有法律责任。因为日常生活中讲的因果关系和法律上讲的因果关系，有很大的差别。简单来说，日常生活中讲的因果关系是事实上的因果关系。然而有事实上的因果关系，却不一定有法律上的因果关系。让我们从"气死人不偿命"这句话讲起。

## "气死人不偿命"

为什么俗语说"气死人不偿命"呢？从法律上来说，之所以"气死人不偿命"，通常是因为"气人"和"死人"之间不存在法律上的因果关系。

我们来讲一个真实的案例：2017年的一天早晨，河南省郑州市某小区的一位住户起床下楼取快递。他打开电梯之后，发现有一位老人在电梯里抽烟。这位住户正好是医生，就劝老人不要在电梯里抽烟，对身体不好。但是老人的脾气很大，完全不听劝，还跟医生争吵起来了，一直吵到了一层。医生很无奈，出了电梯就去取快递了。可他取完快递回来的时候，发现这位老人竟然已经晕了过去。物业公司马上把老人送到了医院，结果还是没有抢救过来，死亡原因是突发心肌梗死。死者家属很愤怒，迁怒于"多管闲事"的医生，就把这位医生告到了法院，要求赔偿四十多万元。

一审法院经审理认为，老人因为医生的劝阻行为突发心肌梗死，最终导致死亡，劝阻行为与死亡之间有事实上的因果关系。但一审法院认为，老人的死亡与医生的劝阻之间不存在法律上的因果关系。请注意，法院判决中认为劝阻和死亡之间存在事实上的因果关系，但不存在法律上的因果关系。

虽然没有法律上的因果关系，一审法院却适用侵权责任法中的公平原则，判医生赔偿一万五千元。判决作出后，医生没有上诉，甘愿赔偿，但是死者家属不干，认为一审法院判决的赔偿金太少，于是家属就上诉了。什么叫公平原则？就是大家对一个损害的发生都没有过错，这时就要根据实际情况，都承担一些责任。社会舆论对一审法院的判决很不满意，认为一审法院是在和稀泥，医生不该承担赔偿责任。

二审法院审理之后，同样认为劝阻行为和死亡之间没有法律上的因果关系。但是二审法院认为，一审法院适用法律错误，在这种情况下不能适用公平原则。为什么呢？因为劝阻行为本身符合公序良俗。我们这个社会提倡禁烟，医生的劝阻行为本身是善意的，是社会公德的体现。如果让医生为此承担责任，那以后大家都不敢做好事了。所以二审法院撤销一审判决，改判医生不需要承担任何责任。

我们不去讨论在医生没上诉的情况下，二审法院能否直接免除医生的赔偿责任，事实上，法学界对这个问题也有很大的争论，很多人认为二审法院的判决有问题，二审法院不能直接免除医生的赔偿责任。我们关注另一个问题，那就是一审、二审的判决结果虽然不同，但是它们有一点是相同的，就是都认为劝阻行为和死亡之间没有法律上的因果关系。为什么这个案例有事实上的因果关系，却没有法律上的因果关系呢？

## 直接关联性

简单地说，上述案例中医生劝阻吸烟和老人死亡之间不存在直接关联性。医生的劝阻行为并不是老人死亡的直接原因；导致老人死亡的直接原因是突发心肌梗死。但有人可能会说，要不是医生实施了劝阻行为，老人怎么会突发心肌梗死呢？虽然两者没有直接关联性，但有间接关联性，医生一点责任都不承担，好像也不太合理。

其实并没有不合理，我们常说万事万物都有联系，就像蝴蝶效应一样。老人也许平常不在电梯里吸烟，今天早起跟老伴儿吵了一架，心里特别烦恼，所以就抽起烟来，那老伴儿要承担责任吗？再往回倒一步，老伴儿为什么要跟老人吵架呢？因为老人不听老伴儿劝阻，买了大量伪劣的保健品，那卖保健品的人要承担责任吗？……你看，我们可以把这种因果关系链条无限地推导下去。所以，如果普遍联系中的任何一个环节，我们都认为存在法律上的因果关系，都要去追究责任，那这个世界肯定乱套了。

事实上的因果关系链条可以非常长，而法院通常只截取最具直接关联性的那一段。这是法律因果关系的第一个层面，也就是事实截取层面。按照法律上的因果关系，在这个案子中，法官就截取了"心肌梗死导致老人死亡"这段最直接也最关键

的因果关系。而"医生劝阻老人吸烟和老人突发心肌梗死"这
段间接的因果关系，法官就没有截取。

当然，并不是任何的间接关联性都不需要承担责任。如果
事情是这样的：医生早起跟老婆吵了一架，出门在电梯里看到
老人，就把一肚子气撒在老人身上，无缘无故地把老人骂了一
顿，老人因此突发心肌梗死去世。那么，医生要不要承担责任
呢？当然需要，虽然医生的行为只是间接导致老人死亡，但医
生的行为存在过错，因此，他就必须承担责任。这就涉及法律
上因果关系中的价值评判问题。

## 价值评判

法院在判断因果关系时，除了对事实上的因果关系进行截
取，还要对其进行价值判断。也就是说，哪怕你的行为和结果
之间没有直接的因果关系，但如果你的行为存在过错，你仍然
要承担法律责任。比如医生不是出于好意劝阻老人吸烟，而是
单纯拿老人撒气，侮辱老人，最终导致老人心肌梗死去世。那
么，即使两者没有直接因果关系，医生也必须为老人死亡的结
果承担责任。在法律上，这叫行为的可归责性。

回到医生劝阻吸烟这个案例，法院之所以不要求医生承担

责任，是因为法律禁止在公共场所吸烟，医生的劝阻行为符合社会公序良俗。虽然劝阻行为间接导致了老人死亡，这个结果是谁都不愿意看到的，但是法律为了保护公序良俗，还是认定劝阻行为不具可归责性，因此，劝阻与死亡之间就不具有法律上的因果关系。法官为什么要这么做？你想想看，如果劝阻行为所产生的后果需要劝阻者承担责任，那么将来就不会有人主动站出来维护社会的公序良俗了，这显然会造成非常不好的社会后果。法律为了鼓励大家主动维护公序良俗，就必须保护维护公序良俗的行为。

对于可归责性，我可以再举一个例子。我们大学老师，每年都要参加学生的毕业论文答辩。如果学生论文写得太差，答辩组老师认为完全没有达到硕士学位论文应该有的学术水平，因此最终决定学生无法通过答辩。结果这名学生因为没通过答辩，直接就跳楼自杀了。那么，老师要不要对学生的自杀行为承担责任呢？

虽然学生没通过答辩与学生跳楼自杀之间，有事实上的因果关系，并且具有直接关联性，但法院还是会认为，两者之间不存在法律上的因果关系。因为老师的行为属于职责范围内的行为，老师在正当地履行作为答辩老师的职责。从因果关系中的价值判断来说，老师的行为对于学生的自杀，不具有法律上的可归责性。原因也很简单，如果法律让老师为此承担责任，那以后大家连正当的职责行为都不敢履行了，这个社会就乱套了。当然，所有老师都不希望看到学生因为不通过答辩而自杀。

那么，有人可能会问，我怎么判断一个人的行为是不是具有可归责性呢？其实很简单，只要看他的行为是不是存在过错就行。行为上有过错，就具有可归责性；行为上没有过错，通常就不具有可归责性。这就是法律上因果关系的第二个层面，也就是价值判断层面。

简单总结，日常生活中的因果关系是事实上的因果关系，而法律上的因果关系是规范上的因果关系。事实上的因果关系指一件事对另一件事的发生有自然科学上可以被证明的影响；而法律上的因果关系因为涉及损害赔偿问题，除了要有事实上的因果关系，还需要具有直接关联性和可归责性，也就是说，行为人对损害的发生是否具有主观故意或重大过失。如果有，法律就会建立因果关系；如果没有，法律就会排除因果关系。因此，法律上的因果关系除以事实上的因果关系为基础外，最重要的是看行为人对于损害结果的发生是否具有主观故意或重大过失，我们将这点称为法律上的可归责性。

必须补充说明一下，法律上的因果关系非常复杂。以上讨论的都是最简单的因果关系，实际上，很多时候一个结果的造成，可能涉及诸多的原因。这些原因有直接的，有间接的，有故意的，有过失的，甚至还有无过失的，等等。因此，在每一个具体案件中，都需要根据查明的案件事实来具体分析因果关系。直接关联性和可归责性是其中最重要的考量。

## 行为自由与法律责任

法律上的因果关系之所以要对事实上的因果关系进行关联性截取和价值性判断，其实涉及一个更深层次的问题，那就是一个人究竟要在多大范围内为自己的行为负责，也就是行为自由与法律责任之间的关系问题。下文是一个有点奇特的例子。

有个人骑自行车去参加一个非常重要的约会，但他马上就要迟到了，所以很着急。很不巧，这时候他遇到了红灯。为了赶时间，他决定闯红灯。更不巧的是，正好有一辆汽车开过来。开车的人为了避免撞到他，就把汽车开到了人行道上，结果撞倒了路边的电线杆。于是更糟糕的事情发生了，电线杆倒了之后，旁边的医院立刻停电。按照常规，医院都是有备用电源的，但是由于检修人员工作疏忽，备用电源当时未启动，这就直接导致手术台上的病人因为突然停电而当场死亡。那骑车闯红灯的人，要不要对手术台上病人的死亡负责呢？

答案是不需要。很多人有疑问，骑车闯红灯的人明显有过错，怎么不需要承担责任呢？没错，在闯红灯这件事上，骑车人确实有过错。但对于手术台上病人死亡这件事，骑车人有过错吗？答案是没有。导致手术台上病人死亡的直接原因是停电，而骑车闯红灯跟停电之间隔着几个因果链条，不具有直接关联性。

虽然骑车闯红灯违反了交通规则，从价值判断上是有过错的，但这个过错并不是导致手术台上病人死亡的过错。因为骑车人对他的行为可能导致的后果，是不可能预料到的。谁能想到这边闯个红灯，那边医院就会因此有人丧命呢？肯定想不到。因此，如果这种情况也要赔偿的话，那人的行为自由就没了。因为我们完全不知道我们此时此刻的行为，会引发多少意想不到的悲剧后果。所以对于法律上的因果关系，法院通常只是截取最直接关联性的那一段因果链条。即便行为人有过错，法院也只考虑其过错导致的直接结果，偶尔会考虑第一层的间接后果，但不会将过错无限地放大。因为如果过错责任被无限放大，我们每个人都要对自己行为的意想不到的后果承担责任，那这个社会同样也会乱套。

法律之所以要这么规定，其实可以说是用心良苦。法律作为现代社会的操作系统，要在社会安全和个人自由之间寻求一种平衡，既要让犯错误的人承担责任，又不能无限放大责任，以致危及人们的行为自由。因此，对于因果关系，法律特别强调直接关联性和可归责性。

万事皆有因缘。我们对世界的认知当然要讲因果关系，但更重要的是，我们必须考虑到底要在多大范围内、在什么意义上讲因果关系。之所以这么说，是因为因果关系只有在特定的场域中，才对事物有决定性的意义。如果我们不做限定，纠结于各种可能性，往往就会迷失在无数的因果关系里，以致找不到问题的关键所在。

## 延伸阅读

［美］H. L. A. 哈特、［美］托尼·奥诺尔：《法律中的因果关系》，张绍谦、孙战国译，中国政法大学出版社 2005 年版。

# 13
# 法律如何避免"清官难断家务事"?

俗话说"清官难断家务事",法官在审判过程中经常会遇到各种是非、对错、真假之争。法官不是超人,也没有超过常人的判断力,那法官如何在规定的审限之内处理这些争议呢?答案是,法律系统提前将这些是非、对错、真假问题转换成合法与非法问题,转换成可操作的法律技术问题,从而让法官在绝大多数案件中,通过合法与非法的技术操作来快速解决争议问题。让我们从"清官难断家务事"讲起。

## 清官难断家务事

为什么"清官难断家务事"呢?有两方面的原因:第一,家务事通常发生在家庭内部,外人都不知道,也很少有证据。人嘴两张皮,法官很难判断谁说的是真的,谁说的是假的。

第二，即便法官能分辨出真假，那也是公说公有理，婆说婆有理，是非之间没有清晰的界限。有时候法官也不适合分出个是非对错，这样反而伤了和气，以后家庭成员更没法过了。

所以，法官作为中立第三方介入家庭纠纷时，首先要调解，俗称和稀泥。意思就是，咱们不要什么事都那么较真，非要分出青红皂白，差不多就行了。调解的过程，实际上不是分辨是非的过程，而是混淆是非的过程，正所谓难得糊涂。因此，法律规定，法官审理离婚案件，必须先进行调解，只有调解无效时，才能作出判决。为什么法律规定必须进行调解呢？就是因为清官难断家务事，法官最好不要介入是非之争中。

但是如果调解不成，法官必须作出判决，那此时法官就必须分辨是非对错了吗？那也未必。在法官眼里，没有是非对错，只有合法非法。为什么这么说呢？因为法律为了避免法官陷入是非难断的困境中，通常会将是非问题，转换为合法非法问题。

法律会将道德上的是非问题，转化为行为上的合法与否。我们以离婚诉讼为例子说一下。

按照《民法典》第一千零七十九条的规定："人民法院审理离婚案件，应当进行调解；如果感情确已破裂，调解无效的，应当准予离婚。"因此，在一方坚持离婚、一方坚持不离婚的情况下，在调解无效的情况下，判决准予离婚的条件是"感情确已破裂"。一位法官，面对两个完全陌生的原告和被告，在非常短的时间内，怎么确定两个人"感情确已破裂"呢？让法官确定离婚双方的感情确已破裂确实太难为法官了。两人感情是不是确已破裂，是没法客观确定的。用"破裂"来形容感情，根本就是文不对题。那让法官怎么办呢？

法律规定如果有下列情况，调解无效的，就属于"感情确已破裂"，应当准予离婚：（一）重婚或者与他人同居；（二）实施家庭暴力或者虐待、遗弃家庭成员；（三）有赌博、吸毒等恶习，屡教不改；（四）因感情不和分居满二年。也就是说，法律把"感情确已破裂"客观化为上述四种情况，有上述四种情况的，就可以认为感情确已破裂，应当准予离婚。但是有上述四种情况，感情就确已破裂了吗？没有上述四种情况，感情就没破裂吗？答案当然是否定的。

既然如此，法律为什么又要如此处理呢？原因是，道德上的是非判断，感情上的爱恨情仇，往往没有统一的标准，不同的人有不同的看法，而且是非本身也不是泾渭分明的。因此，让法官判断道德上的是非和感情上的纠葛，就会遇到这样的双重困境。法官也是人，也有人的偏见，也有人的弱点。法律为了追求统一性、客观性和运行效率，就将主观上的是非判断问题，转化为客观上的标准问题，这样系统才能有效运转。就离婚问题，通过列出上述几种情况，这个转换就完成了。法官只要看双方之间是否有这几种情况就行，如果两人间没有前三种情况，那最简单的方式就是看两人分居是否满两年，满两年了就算感情破裂了；没满两年，则感情还没破裂。至于两个人内心感情到底是什么样的，究竟谁对谁错，法官会管吗？法官不会管，想管也管不了。

## 主观问题客观化

不仅道德上和情感上的是非对错问题可以做技术化处理，法律还会将一些事实上的是非问题，转化为行为上的合法非法问题。也就是设立一些标准，以法官熟悉的法律方式来处理客观上的真假问题。先举个例子看看。

法律上有两个常用的概念："故意"和"过失"。这是一个人做一件事的主观状态，这种主观状态决定了一个人要不要对他的行为结果承担法律责任。比如刑法中规定，故意犯罪的，要承担刑事责任；过失犯罪的，一旦法律有规定的，才承担刑事责任。如果既无故意又无过失，而是由不能抗拒或者不能预见的原因所引起的损害，则不需要承担责任。

比如最近宣判的一个案子：一位老大爷去超市买鸡蛋，偷偷拿了两个塞到裤子口袋里，结账离开时被超市工作人员拦住。交涉期间，工作人员拉扯了两下大爷的袖子，短暂僵持之后，大爷突发心肌梗死，送到医院后不久死亡。那超市工作人员要对大爷的死亡负责吗？答案是不需要。因为超市工作人员对大爷的死亡既无故意又无过失，他们不可能预料到正常交涉、拉扯两下袖子就能导致大爷死亡。

那法官在审理案件时，如何判断一个人有没有故意犯罪或过失呢？故意和过失是一个人的精神状态，行为人不说，法官怎么判断呢？这就涉及法律对故意和过失的处理。

法律上的"故意"是指，"明知自己的行为会发生危害社会的结果，并且希望或者放任这种结果发生"。这里的"明知""希望""放任"，虽然看似是行为人的主观心理状态，但法官是基于普通人的常识、常理、常情，从行为人的言行上判断的。

法律上的"过失"则是指，"应当预见自己的行为可能发生危害社会的结果，因为疏忽大意而没有预见，或者已经预见而轻信能够避免"。这里的"应当预见""疏忽大意""轻信"，虽然看似都是行为人的主观心理状态，但法官也是基于普通人的常识、常理、常情，从行为人的言行上来判断的。

因此，法官在确定行为人是否故意或过失时，正是依据这两条标准，从行为人的言行推定的，因为行为人真实的精神状态，是别人无法知道的，而且事情已经发生了，也是无法复原的。

　　回到大爷偷鸡蛋这个案件。虽然事实上的确会存在这种情况：工作人员在劝阻老人时心里想，这人怎么为老不尊，真该给他点教训。也就是说，工作人员可能心里"希望"老人获得惩罚。但这个精神状态是无法还原的，所以法官根本不会费时费力追究工作人员当时真实的精神状态，法官只会看工作人员当时的言行。而作为超市工作人员，阻止偷东西的行为是正常的职责行为；偷东西的人不听劝阻，产生言辞上的争论和行为上的拉扯，如果它们都在合理的范围之内，那么也在职责行为的辐射范围之内。因此，法官通过客观言行来判断主观精神状态，认为超市工作人员对老人的死亡既无"故意"又无"过失"。

　　为了把这个问题讲清楚，我再举一个例子。比如刑法中有个罪名，叫危险驾驶罪。一个人喝得酩酊大醉后开车，就涉嫌构成危险驾驶罪。如果一个人都喝大了，甚至喝断片了，他自己都不知道他干了什么，那法官怎么判断他有没有故意或过失呢？其实法官根本不管这个人当时怎么想的，因为正常人都知道，喝醉开车会发生危害社会的结果。因此，只要一个人喝醉了开车，就是"明知自己的行为会发生危害社会的结果，并且希望或者放任这种结果发生"，就是"故意"犯罪。因此，这里的"故意"，是通过喝醉开车这个行为来推定的，有这个行为就是"故意"，而行为人当时心里怎么想的根本不重要。

过失也是同样的道理，比如一个人开车闯红灯撞死了人，涉嫌构成交通肇事罪。不管他闯红灯时怎么想的，他都属于"应当预见自己的行为可能发生危害社会的结果，因为疏忽大意而没有预见，或者已经预见而轻信能够避免"，他的行为就属于"过失"犯罪。"过失"是通过闯红灯这个行为来判断的，而不是行为人闯红灯时的主观心理状态。

除了上面的例子，法律中还有很多类似的情况，都是将需要作出主观是非判断的问题，制定成一个客观可衡量的标准，法官只要依据相对客观的标准来判断合法非法就可以了。比如法律不管一个人酒量有多大，只要血液中的酒精含量大于或者等于80mg／100mL，就属于醉酒，此时驾驶机动车就是醉驾，即便这个人此时意识很清醒，那也没用。在实践中，很多醉酒驾车的人都是酒量大的人，这些人之所以喝酒后还开车，是因为他们喝酒后意识仍然非常清醒，仍然可以继续开车。而那些酒量小的人，还没到法律规定的醉酒标准就已经意识不清了，想开车也开不了。但法律不管这些，法律不会考虑每个人的酒量，只要血液中的酒精浓度达到法定标准，就是醉酒。

不仅刑事案件是这样，民事案件中的故意和过失也一样，法官都依据客观的情况来推定行为人的主观心理状态，而不是真的去探究行为人当时究竟是怎么想的。即便法官想探究，事实上也不可能。正是在这个意义上，我们说法律并不追求真理，法律只管合法非法。


## 可操作的法律

那法律为什么要这么做呢？因为是非对错问题，很多时候纠缠不清，而法律系统必须清晰明确，具有可操作性。

我们还是回到法律作为现代社会操作系统这件事上。任何一个系统要想有效运转，都要有所为、有所不为，要明确自己的功能是什么。法律系统的功能就是提供行为指引，创造秩序，因此就需要将那些纠缠不清、难以确定的东西，转换成清晰明确并且可以执行的东西。道德上的和情感上的是非对错，很多时候纠缠不清；客观上的是非真假，有的时候也难以确定。但法律系统要想有效运作，就不能将自己陷入是非真假判断的旋涡中。法官不是道德家，也不是科学家，法官没能力作出绝对正确的道德判断和科学判断，因此，法律系统就不能让法官承受不能承受之重。解决的办法就是，将这些是非问题转换为各种各样的法律标准或可操作的措施，让法官只作合法非法的判断，因为这是法官最擅长的。

这并不是说法律不关心是非、对错和真假，而是在强调法律是用特殊的方法来对待是非、对错和真假问题，这是由法律系统的特殊性决定的，我们要理解法律的处理方式。比如一个签名是真是假，法官不会自己判断，法官只看物证鉴定机构的结论。而一个公证机关作的公证，法官直接当作真的来用，不会自己再去核实公证的内容到底是不是真的。法官之所以这么做，就是因为物证鉴定机构和公证机关都是依法设立的，是合法的，因此，对于他们做出的结论，法官就推定是正确的。

这就是法律系统运作的方式，将所有问题都转换成合法与非法问题，看似简单粗暴，实则非常有效。当然，这么做是不完美的，但法律系统之所以能够成为现代社会的操作系统，就是因为它不追求完美。这样法律系统就没那么多负担，从而能够用简单有效的方式，来处理复杂的事情。道德和宗教追求完美，结果怎么样呢？结果就是陷入无穷无尽的争论中，因此没法成为现代社会的操作系统。

社会生活无限复杂，不是所有案件涉及的是非、对错、真假问题都能简单转化为合法非法问题，这些案件就是所谓的疑难案件，比如美国联邦最高法院裁判的同性婚姻案件。同性之间能否结婚涉及伦理、道德、宗教和政治问题，有关这个问题的争论在当时的美国处于撕裂状态。联邦最高法院在处理这个问题时，只能将其作为一个法律问题来处理，那就是判断禁止同性结婚的各州婚姻法，是否违反《美国宪法》第十四条修正案中的正当程序和平等保护。然后，联邦最高法院通过对正当程序和平等保护原则的宪法解释来回答这个问题，因此，也可以说，这将一个伦理、道德、宗教和政治问题转化为一个宪法解释问题。

宪法解释自然还会涉及伦理、道德、宗教和政治问题，但宪法解释已经形成一个传统，有一套固有的解释技术和方法，法官会用法律的语言和技术来"重述"这个问题。允许异性结婚，但禁止同性结婚是否违反实质正当程序？异性可以结婚而同性不可以结婚，是不是违反平等保护？宪法解释遮蔽了伦理、道德、宗教和政治争论，变成了不同解释方法之间的争论，而这个解释之争是有解决办法的，那就是法官最终投票表决，票数多的一方形成法庭意见，但在判决书中允许不赞同法庭意见的法官发表异议。就这样，疑难案件通过技术化的操作解决了。

简单总结一下，法律必然涉及是非、对错、真假问题，但法律会尽量将这些问题转换成合法非法问题，因为只有这样做，法律系统才能避免陷入无穷无尽的争论之中，从而能够有效地运转，成为现代社会的操作系统。但有些案件特别复杂，没法直接将是非、对错、真假问题转换为合法非法问题，这些案件就是法律中的疑难案件。对于这些疑难案件，法律就留给法官自由裁量，但法官还是会将其转化成可操作的法律解释问题，避免陷入道德裁判的困境中。

## 延伸阅读

[美]保罗·卡恩:《当法律遇见爱》,付瑶译,法律出版社 2008 年版。

[美]安东尼·刘易斯:《批评官员的尺度:〈纽约时报〉诉警察局长沙利文案》,何帆译,北京大学出版社 2011 年版。

# 14
## 律师为什么替"坏人"说好话?

中国人常说:"拿人钱财,替人消灾。"这句话用来形容律师,再恰当不过了。没错,律师的工作就是拿客户的钱财,用自己的知识和体力,替客户消灾。律师往往自嘲为法律民工,其实他们挣的也是辛苦钱,他们的行业也只是社会服务业的一种而已,无可厚非。

但如果律师拿"坏人"的钱,特别是那些罪大恶极的"坏人"的钱,替"坏人"争取免除或减轻刑事处罚,那对于这种情况,很多人情感上就很难接受,他们不免质疑律师为什么替"坏人"说好话,难道为了拿钱,就可以昧着良心说话?这就是本章要探讨的问题:律师为什么要为"坏人"辩护。

## 律师替"坏人"辩护

2017年6月22日凌晨5点左右，浙江省杭州市某高档小区发生火灾，火灾造成一位母亲和她的三个未成年孩子死亡，现场非常惨烈。事后一查，竟然是家中保姆故意放火所致，社会舆论一片哗然。很多人非常气愤，基于朴素的正义观，他们说这样的人不需要审判，直接拉出去枪毙算了。

可事实上，法院不但要依法审判，还要有律师为保姆辩护。律师认为，保姆虽然故意放火，但目的并不是要把一家人烧死，只是想先放火再救火，从而获得主人的好感。虽然保姆放火后未能及时扑灭，最终酿成惨剧，但这并非保姆所愿。而且保姆事后有自首、坦白的情节，依法应该从轻处罚，不应该判处死刑。网上很多人骂律师，竟然为这样的人说好话，简直是良心被狗吃了。

法院最终没有采纳律师的辩护意见，还是对保姆判了死刑。我国最高人民法院在核准死刑时说："虽然莫焕晶归案后能如实供述自己的放火罪行，但根据其犯罪的事实、性质、情节和对社会的危害程度，对其所犯放火罪依法不足以从轻处罚。"

不仅杭州纵火案，还有很多重大恶性案件发生时，都会有辩护律师的身影。很多善良的老百姓就会质疑，律师到底有没有良心，竟然为这种人渣辩护。其实，不只中国老百姓会这么想,国外也一样。当年美国著名球星辛普森涉嫌杀死妻子,哈佛大学法学院著名教授德肖维茨加入辛普森的辩护团队,成功帮助辛普森免于刑事处罚。对此,很多美国人也接受不了,德肖维茨甚至一度遭到死亡威胁,据传他在哈佛大学法学院办公室的玻璃都是防弹的。

那我们就来说说,法律为什么允许律师为"坏人"辩护,甚至还要保障"坏人"接受律师辩护的权利;如果一个"坏人"真的罪大恶极,以致没有任何一位律师愿意为之辩护,法律还要为"坏人"指定一位辩护律师,必须为"坏人"辩护,这又是为什么呢?

## 替"坏人"辩护就是替每一个人辩护

实际上,替"坏人"辩护就是替每一个人辩护。简单来说,律师替"坏人"辩护,不仅是替"坏人"本人辩护,还是替每一个人辩护,因为我们每一个人都可能成为那个"坏人"。

有人说,我怎么可能成为"坏人"呢?那些蒙冤受难的人,他们也从来没想到自己哪天就莫名其妙地成了"坏人",他们深受牢狱之灾,有的甚至被执行了死刑,比如第 1 章中提到的聂树斌、呼格吉勒图。如果没有律师的辩护,我们每个人都可能成为这个意义上的"坏人",也就是被冤枉的所谓的"坏人"。

当我们说律师替"坏人"辩护时,我们已经知道这个人是"坏人"了。因为法院作出了有罪判决。可是律师辩护时,并不确定这个人是不是真的是"坏人"。在侦查阶段我们只能叫当事人犯罪嫌疑人,在审判阶段只能称其为被告人,只有判决有罪后,才能称其为犯人或罪犯,也就是大家常说的坏人。当然了,我们这里所说的"坏人",仅仅是指被判有罪的人,我们不讨论一个被判有罪的人是否真的是"坏人",那是个哲学问题。既然如此,在法院作出有罪判决之前,我们就不能说律师所为之辩护的人,一定是"坏人"。

不要说任何人未经法院判决有罪,我们不能称之为"坏人",即便那些法院将被告判决有罪,甚至判处被告死刑的案件,最后也可能被发现是冤假错案。而当时的社会舆论,都认为犯下这些罪行的人是坏人,会骂为这些人辩护的律师昧着良心赚黑心钱,竟然为杀人犯辩护。另外,要不是这些案件发生后,始终有律师帮助家属四处申冤,直到今天,这些案件也未必能平反,那这些被错判的人就永远成为被冤死的"坏人"了,正义就永远缺席了。所以,律师为"坏人"辩护,就是为我们每一个可能被冤枉为"坏人"的普通人辩护。

此外,在刑事审判中,除了有罪无罪问题,还有罪轻罪重问题。律师为所谓的"坏人"辩护，有时只是罪轻罪重的辩护。比如杭州保姆纵火案，律师的辩护不是说被告人无罪，而是说被告人有减轻处罚的情节，比如是否有自首情节、是否有坦白情节、是否有救助情节等，这些都是法律规定的可以酌情减轻处罚的情节。当然，最终是否减轻处罚由法官决定，但律师提出这样的辩护，会促使检察官把证据准备充分，使法官把各种影响量刑的因素考虑齐备，这就涉及下面要讲的内容：律师为"坏人"辩护，不只是为"坏人"本身辩护，也不只是为我们每一个人辩护，更重要的是，律师是在为司法公正辩护。

## 替"坏人"辩护就是替司法公正辩护

要理解这个问题，就要先看看司法审判的基本结构。一般来说，法庭涉及三方，即原告、被告和法官。其中法官是居中裁判的，根据原告和被告在法庭上提供的证据和陈述，作出最终的裁决。原告和被告是决斗双方，法官是裁判，你看原告和被告在法庭上相互对抗，是不是像一场文明化的决斗，只不过动口不动手。因此，在这个人为设计的决斗场景中，司法公正的实现，有赖于决斗双方都有足够的法律知识和技能。

在刑事诉讼中，职业检察官担任公诉人，属于原告。他们都受过良好的法学教育，在实践中摸爬滚打多年，最后成为出庭的检察官。更重要的是，检察官代表着国家公权力，有大量的资源可以利用。而被告呢，是已经被逮捕的犯罪嫌疑人，失去了人身自由，绝大部分没有学过法律，更不用说诉讼技能了。如果没有辩护律师的参与，这场决斗绝不会公平。检察官在法律知识和技能上绝对碾压犯罪嫌疑人。而辩护律师的参与，就是为了弥补犯罪嫌疑人在法律知识和技能上的不足，从而使得这场决斗，至少在知识和技能上势均力敌。

那为什么说辩护律师的参与有助于实现司法公正呢？我们从两个方面看。

一方面，辩护律师的参与，会促使检察官好好工作，认真审查侦查机关提交的证据，认真准备起诉的材料。因为他们知道，他们将在法庭上面对专门找碴儿挑刺的辩护律师，这些辩护律师会抓住他们工作中的每一个可能的漏洞，而这会极大地督促检察官提高工作质量，避免冤假错案的发生。我们前面讲过美国的辛普森案，辩护律师正是发现了警察收集证据时的违法行为，并利用非法证据排除规则，为辛普森辩护成功。这件事的重大意义不仅是辛普森被无罪释放，而且进一步促使警察在以后的案件中认真合法地收集证据，同时促使检察官认真地审查证据，这样实际上可以减少冤假错案的发生。

另一方面，辩护律师的参与，会帮助法院查清案件事实，正确适用法律。司法审判中的案件事实，是通过证据建构出来的。通常检察官提出证据，辩护律师对证据的合法性、有效性发表质证意见。法官根据控辩双方的质证意见，来决定证据是否采纳，并在此基础上查明案件事实。在掌握案件事实后，还会涉及法律的适用问题，法官也是在检察官和辩护律师就如何适用法律而激烈辩论之后，才最终决定该如何具体适用法律的。我们常说，真理越辩越明，这句话特别适用于司法审判，控辩双方的辩论越充分，对于法官来讲，就越容易查清案件事实，也就越能正确适用法律。

第9章讲司法审判时，就讲过要"以法律为准绳"，也就必须有个拉绳子的过程，而且两边拉得越使劲，绳子才越直。在司法审判中，律师就是那个用力拉绳子的人。律师的参与，能够使绳子拉得直直的，而如果没有律师的参与，检察官自己是没法拉绳子的，绳子就免不了弯弯曲曲，冤假错案也就在所难免了。

对于一个法治社会来讲，司法公正是最后的正义，而冤假错案是对司法公正最大的伤害。因此，在司法公正的生产机制中，必须有律师这样的"鲇鱼"[1]不停地搅动，这样才能使这个正义生产机制始终保持高质量的正义输出。

---

1 鲇鱼效应，原是指鲇鱼在搅动小鱼生存环境的同时，也激活了小鱼的求生能力。此处的"鲇鱼"指律师像鲇鱼一样使司法公正的生产机制保持高质量的正义输出。

当然，律师为"坏人"辩护，确实有可能使个别真正的坏人逃脱法律的惩罚，但这就是正义的成本。如果我们必须在冤枉一个好人和放过一个坏人之间作出选择，那你选择哪一个呢？有人可能会说，我选择冤枉一个好人，反正那个人不会是我。这是绝对错误的想法！我们每一个人都可能是那个被冤枉的好人。有人可能还会说，就不能找到一个既不冤枉一个好人又不放过一个坏人的办法吗？答案是不能。人类法律几千年的历史已经证明，警察、检察官和法官都是凡人，都会犯错，人类的本性和能力都不是完美无缺的，也不存在完美的办法，我们只能被迫二选一。

简单总结一下，为什么律师要替"坏人"辩护，尤其是替那些最终被证明罪大恶极的"坏人"辩护。首先，每一个人在经过审判并判决有罪之前，都应被假定是无罪的，因此，我们并不确定律师所为之辩护的人是否真的是"坏人"，每一个犯罪嫌疑人都有权利得到律师的辩护；其次，由于我们每一个人都可能成为这里所说的"坏人"，所谓律师替"坏人"辩护，实际上是替我们每一个人辩护；最后，律师替"坏人"辩护，将促使检察官、法官查清案件事实，正确适用法律，从而最大限度地实现司法公正。因此，律师替"坏人"辩护，就成为司法公正生产机制中必不可少的一环，律师不是为"坏人"辩护，而是为司法公正辩护。

## 延伸阅读

〔英〕亚历克斯·麦克布赖德：《律师为什么替"坏人"辩护？——刑事审判中的真相与谎言》，何远、汪雪译，北京大学出版社 2017 年版。

〔美〕艾伦·德肖维茨：《最好的辩护》，唐交东译，法律出版社 2014 年版。

黄美玲：《律师职业的起源》，北京大学出版社 2021 年版。

# 结　语
## "法盲"打开法律的正确姿势

在前面的 14 章中，我依次讲了法律系统的基本构造（第
1～4 章）、生成逻辑（第 5～8 章）和运行机制（第 9～14
章），简要勾勒了法律作为现代社会操作系统的基本样态。我
们普通人往往通过日常的遭遇或个别的案件来了解法律，这就
像盲人摸象，非常容易将我们遭遇到的个案情况放大成法律的
全部，错失了恰当理解法律的机会。因此，"法盲"打开法律的
正确方式是先看法律的整体，将法律作为一套复杂的社会操作
系统来看。

## 法律系统

从系统的角度看待法律，法律的首要功能是持续创造秩
序，尤其是对超大规模的复杂社会来说，法律可以说是社会秩

序持续生成的底层机制。而秩序要想持久稳定，除了必要的强制机制，秩序必须是正义的。只有如此，秩序才有可能在最少依赖强制的情况下持续运转，所以法律也是一种正义生产机制。也就是说，法律之所以能够成为现代社会的操作系统，是因为法律能够持续提供正义的秩序。

普通人为什么喜欢包青天、侠客、拯救者这样的角色？因为这样的角色在实现正义时干净利落，从不拖泥带水，虽然过程惊险，但结果总是出人意料的好。更为重要的是，在这个正义实现的过程中，普通人什么都不需要付出。比如如果有包青天在，我们只要击鼓鸣冤就行了，然后就坐等包青天帮我们实现正义。

遗憾的是，法律系统在实现正义时，虽不能说效率低下，但也不能说有多高效；虽不能说成本太高，但也不算便宜；虽不能说繁文缛节，但也不能说有多简便。更为重要的是，要么你自己劳心劳力地走完整个诉讼过程，要么你花钱雇律师帮你走完整个诉讼过程，击鼓鸣冤后坐等正义实现是完全不可能的。

法律为什么要如此为难我们？不是法律想这样，而是没有更好的办法。包青天是可遇而不可求的，甚至可以说根本不存在。一个社会正义秩序的实现，不可能依赖于根本不存在的包青天；一个社会正义秩序的实现，只能建立在所有人都可能是"坏人"这个假设之上。法律系统是建立在对人性恶的预设和人性善的预期之上的，这是人类社会几千年文明中血泪教训之后的不得不然。

我们每个人都生活在法律系统中，即使不生活在中国的法律系统中，也要生活在其他国家的法律系统中，因此，对这个系统有个基本的了解，就成了现代人的知识标配。法律系统运作有一套法律系统的逻辑，现代人需要熟悉这套逻辑并适应这套逻辑，由此产生了所谓的"法律思维"。法律思维不是法律人固有的思维，而是法律人为了运作法律系统而不得不习得的思维；法律思维也不是法律人专有的思维，而是所有生活在法律系统中的人都应该具有的思维。

对普通人来说，像法律人一样思考，需要具备三种法律思维：首先是裁判者思维，我们需要把自己当成法官一样思考；其次是立法者思维，我们需要把自己当作法律的制定者一样思考；最后是大立法者思维，我们需要把自己当作整个法律系统的创造者来思考。

## 裁判者思维

先来看看裁判者思维，这是最基础的法律思维，也是各种普法节目爱讲的思维。普通人为什么喜欢看《以案说法》这类节目呢？不仅因为案件有趣生动，或者普通人能从中学到一点知识；更重要的是，通过这些案件，人们能了解法官是如何思考的。这对我们普通人而言非常重要，有助于我们在司法诉讼中不至于陷入太被动的境地。

普通人关注法律，一方面是为了保护自己，别掉到法律陷阱中；另一方面是想尽可能规避法律的惩罚，看看能不能钻个法律空子。那什么是普通人理解法律的正确方式呢？我在第1章讲过，要想理解法律，得从一个"坏人"的视角出发，也就是说，大家得从人性恶的角度看待法律。

当我们从"坏人"的角度来理解法律时，我们必然要关注法官是如何思考的。因为我们必然会想，如果这件事发生诉讼，那法官会如何处理。关于法官会如何处理，也就是裁判者思维，我们可以总结出很多，但最核心的可以概括为如下四点。

一是权威思维，就是要搞清楚谁说了算，立法是怎么规定的，最高人民法院是如何解释的，上级法院是如何处理的。法官在一个司法系统中处理案件，他首先要考虑的就是权威，因为如果他违背了权威，他判的案子就会被改判或撤销，这会影响他的声誉和绩效考核。

二是规则思维，也就是以法律为准绳。对于法官的所有判决，最终判决书上都要写明是依据哪部法律的哪条哪款判决的，因此，所有的纠纷最终都会被归结到某个或某些具体的法律条文下。我们要能为我们所伸张的正义找到一个法律依据或者可供参考的判例。

三是证据思维，也就是以事实为依据。在法官眼里，没有证据就没有事实。很多人有理却输了诉讼，就是因为没有证据，而打官司在很大程度上就是围绕证据做文章。证据思维要求我们在日常的工作生活中，有意识地保留证据材料，因为很多证据一旦毁灭了就再也找不到了，而没有证据就没有法律认可的事实。

四是程序思维。法律系统不相信任何人，不把正义的实现单纯寄托在任何品德高尚的个人身上，正义的产生主要依赖于程序。因此，法官也是整个法律程序中的一颗螺丝钉，所有事情都必须按照程序一步一步来。法律圈中有一些维权律师被称为"死磕派律师"，这些律师"死磕"的往往都是程序问题。

因此，所谓的裁判者思维，是裁判者被法律系统规训后不得不具有的思维，而不是什么神秘莫测的东西。只要你理解了法律系统的运行机制，你也可以具有裁判者思维，差的只是如何具体适用起来。

## 立法者思维

我们不能把裁判者思维等同于全部法律思维。裁判者思维只是一种守法者思维，而了解法官是怎么想的，只能保证在司法诉讼中不至于陷入太被动的境地。很多人满足于做个守法者就行了，这也无可厚非。但守法者只是被动接受法律，就像一个游戏玩家只是被动接受游戏规则一样。经过长时间努力，游戏玩家也可以打通关，但只要游戏开发者更改了游戏规则，玩家就要开始重新琢磨和使用规则。如果游戏的开发者玩游戏，那显然会比普通的玩家更清楚如何利用规则尽快通关。因此，一个超级玩家一定是熟悉游戏开发者开发思路的玩家，而游戏开发者的思维就是一种立法者思维。

和裁判者思维一样，立法者思维也不是立法者天生固有的。立法者思维其实就是法律系统的生成思维，是立法者被法律系统规训后不得不具有的思维。为什么这么说呢？因为现代立法者不是上帝，不能无中生有地创造出一个全新的法律系统，立法者是在既有的法律系统中从事立法工作的。我们有一部法律叫《立法法》，就是专门规范立法工作的。因此，立法者只能在法律系统中修修补补地制定新的法律，立法者只能"依法立法"。

所以，立法者思维也不是什么神秘莫测的东西，大家对它不熟悉，只是因为之前从没想过，不做立法者也可以有立法者思维。我们可以把法律视为一种社会公共产品，熟悉立法者思维的人，必然善于利用法律，也就可以从法律中获得更多的收益或避免更多的损失。不仅如此，我们每个人不仅生活在一个给定的秩序中，还会在一定的时空之内创造秩序，作为秩序的创造者，我们就是这个秩序的立法者，因此，我们在工作和生活中，处处都会涉及立法者思维。

　　立法者思维在本质上就是法律系统生成社会秩序的思维，因此也就是社会的底层思维。如果一个社会的操作系统是宗教，比如在中世纪的欧洲，那此时这个社会的底层思维一定是信仰、虔诚、忏悔、禁欲等。但如果一个社会的操作系统是法律，那一个复杂系统中的平衡思维、效率思维、成本思维、法益思维会代替信仰、虔诚、忏悔、禁欲就会成为新的底层思维。同时，因为法律系统是以这些思维方式控制社会的，所以这些思维必然就会成为这个社会的底层思维。因此，我们掌握了立法者思维，也就掌握了现代社会运行的基本逻辑。

## 大立法者思维

　　有了立法者思维就够了吗？对于大多数人的大多数时刻，这就够了。因为这可以在现有秩序内最大限度地保护我们的权益。但即便如此，我们仍然被动地接受法律，我们不得不接受立法者制定的可能有损我们利益的法律。如果我们想更好地维护我们的权益，并为社会创造更公正的法律，那么我们就要有大立法者思维。

很多人可能会疑惑，连立法者都需要极强的专业知识，我们普通人何德何能，敢做大立法者？我们不要被"大"字吓到了，事实上，这些立法者跟我们一样，也是普通人。他们是我们法学院教出来的学生，他们可能就跟你住在同一个小区。他们每月拿着固定的工资，下班也要接孩子做饭。也就是说，我们的法律就是出自这些普通人之手，立法工作跟你每天打卡上班干的活儿一样，也是社会劳动分工的一部分。

我讲这些是想强调，人人都可以做立法者，只不过社会分工使得一部分人专职从事这项工作而已。只要我们愿意，都可以参与立法工作。我们可以通过影响立法者来参与立法工作，做立法者的立法者。因此，所谓的大立法者思维，就是我们可以为立法者制定法律的工作提供指引。

我们以《电子商务法》的修改过程为例。一个人在网络平台上买了一些关系消费者生命健康的商品，但网络平台民营者售出假的食品或药品，那电子商务平台要承担什么责任？这个责任在立法过程中经过了反复修改。三审稿中写的是"对关系消费者生命健康的商品或者服务，电子商务平台经营者对平台内经营者的资质资格未尽到审核义务，或者对消费者未尽到安全保障义务，造成消费者损害的，依法与该平台内经营者承担连带责任"。四审稿时修改为"依法承担相应的补充责任"。

最终稿修改为"依法承担相应的责任"。

从"连带责任"到"补充责任"再到"相应责任"，电子商务经营平台的责任是越来越重还是越来越轻了？答案是越来越轻了。那为什么会发生这种情况呢？很简单，因为这些电子商务平台影响了立法者。他们是如何影响立法者的？他们是通过资助各种课题研究、学术会议等方式来影响立法者的，让立法者最终认为，"相应责任"是平衡消费者、电子商务平台、平台上的经营者之间利益关系的最恰当的责任方式。

很多人会想，电商平台财大气粗，我们普通人怎么能跟他们比呢。那我再给你讲个例子。很多人知道在一些西方国家同性婚姻已经合法化了，我们不去评价是否应该合法化，我们思考这样一个问题，为什么这些国家同性婚姻会合法化呢？这不是自然发生的，而是一个特殊的群体几十年抗争的结果，这个群体就是 LGBT 群体（性取向上的少数人群体）。LGBT 群体在任何一个社会中都是边缘群体，但他们通过各种方式，影响人们对性取向的认知。这些方式包括在大学里召开各种研讨会，争取知识分子的支持，在各种场合发表自己的主张等，最终成功影响了立法者的认知，使得法律得以修改，同性婚姻得到认可。影响一个人的意识，就是为一个人"立法"，影响立法者的意识，就是为立法者"立法"。

我讲这个例子是想说明，即便是社会最边缘的群体，只要有大立法者思维，只要知道如何通过影响立法者来维护自己的权益，那么也可以成为时代的大立法者。所谓的大立法者思维，就是一种为立法者"立法"的思维。立法者通常是循规蹈矩的，因为这对于立法者是最稳妥的。而大立法者往往要突破常规，创造新规则、新秩序，因此，我们就要影响立法者，将"非常规"通过立法过程变成"常规"。在一个大洗牌时代，旧的秩序捉襟见肘，新的秩序尚未生成，此时最需要我们每一个人具有大立法者思维，需要我们能够突破常规，创造新秩序。

我这里要特别强调，打破常规的人不算大立法者，打破常规后能够建立新常规的人，才算大立法者。思想家善于社会批判，但并不负责建立新的秩序。而大立法者批判的目的，是建立新的秩序，建立新的秩序比批判旧的秩序更难。正因为如此，很多人习惯于做所谓的"思想家"，不负责任地批判，但这个社会更需要真正的思想家成为大立法者。

其实，不仅这个社会需要我们有大立法者思维，我们每个人同样需要我们自己有大立法者思维。柏拉图在《理想国》中以小见大，通过灵魂来讨论城邦，但我们也可以反过来，以大见小，通过社会来管窥灵魂。我们每一个人的灵魂就是我们的精神城邦。我们当然可以"躲进小楼成一统，管他冬夏与春秋"，不做社会的大立法者，但我们不得不因为生活的艰辛找到地方安顿灵魂的困苦。我们需要做灵魂的大立法者，在灵魂内创造和平与秩序。为什么我们学了那么多知识，懂了那么多道理，仍然心绪烦乱、精神困苦、浑浑噩噩、不知所措呢？那是因为灵魂没有建立起和平的秩序。而我们每一个人，就是这个灵魂秩序的大立法者。

法学的元问题，就是从冲突中创造秩序，在秩序中实现正义。法律系统创造秩序的思维方式，不仅适用于社会，也适用于个人，因为我们每个人都是时代的造物、社会中的人。让我们成为时代的大立法者，为这个社会，更为我们自己！

## 延伸阅读

［美］艾伦·德肖维茨：《一辩到底：我的法律人生》，朱元庆译，北京大学出版社 2020 年版。

［美］弗里德里克·肖尔：《像法律人那样思考：法律推理新论》，雷磊译，中国法制出版社 2016 年版。

［日］长谷部恭男：《法律是什么？法哲学的思辨旅程》，郭怡青译，中国政法大学出版社 2015 年版。